ME BAJO DE LA VIDA ADULTA

JUDIT SOLANS
@readulteando

ME BAJO DE LA VIDA ADULTA

Una guía para sobrevivir
más allá de los 25
a tu modo y a tu ritmo

Grijalbo

Primera edición: enero de 2024

© 2024, Judit Solans
© 2024, Penguin Random House Grupo Editorial, S.A.U.
Travessera de Gràcia, 47-49. 08021 Barcelona

Printed in Spain – Impreso en España

ISBN: 978-84-253-6506-5
Depósito legal: B-19.382-2023

Compuesto en Fotocomposición gama, sl

Impreso en Artes Gráficas Huertas, S.A.
Fuenlabrada (Madrid)

GR 6 5 0 6 5

ÍNDICE

INTRODUCCIÓN   9

RETO #1
LA ENTRADA A LA VIDA ADULTA   21

RETO #2
LA VIDA ADULTA Y YO   61

RETO #3
LA VIDA ADULTA Y LAS AMISTADES   97

RETO #4
LA VIDA ADULTA Y EL AMOR   119

RETO #5
LA VIDA ADULTA Y EL TRABAJO   153

TREINTA CONSEJOS DE LOS VEINTE A LOS TREINTA
(CUARENTA, CINCUENTA O SESENTA)   182

INTRODUCCIÓN

PRESENTACIÓN

Ojalá esa niña de doce años que yo era me viera ahora. Seguramente me estaría diciendo: «¿Qué coño estás haciendo?, ¿cómo has terminado escribiendo un libro?, ¿estás loca?». Pues un poco sí.

Ojalá esa niña tan obediente me viera ahora. Esa niña que sacaba siempre buenas notas, que adoraba a los profes más que a sus compañeros de clase. Esa niña que no siempre lo tuvo fácil en el cole. Que lloraba a la hora del patio, que se sentía invisible, que odiaba levantarse para ir al cole para no enfrentarse a las burlas de los demás.

Ojalá esa niña me viera ahora. Esa niña que era tan extrovertida y se volvió tan introvertida de golpe. Que se sentía rechazada y callaba ante cada comentario que recibía en la escuela.

Ojalá esa niña me viera ahora. Esa niña que creía que su valor estaba en sus logros. Que creía que tenía que demostrar su valía sacando buenas notas, yendo a la universidad y graduándose.

Sé que esa niña me está viendo, que sigue en mí. No sería quien soy si no fuera por ella, así que solo me queda agradecer.

Gracias a esa niña por hacer siempre lo que tocaba. Si no lo hubiera hecho, no habría llegado a la conclusión de que no quiero hacer lo que toca. Ya no.

Gracias a esa niña por luchar tanto por esa vida impuesta. Si no lo hubiera hecho, no habría llegado a la conclusión de que no quiero esa vida. Ya no.

Gracias a esa niña por sentirse siempre de otro planeta. Por sentirse siempre tan bicho raro. Por sentir que no encajaba.

Mi yo de dieciocho entró en esa carrera que escogió por descarte. Mi yo de veintidós se graduó. Mi yo de veintitrés encontró trabajo. Mi yo de los seis a los veintidós luchó fuertemente por una vida que ni siquiera cuestionó si le gustaba. Mi yo de veintidós tuvo ansiedad por no tener esa vida que todo el mundo tenía y ni siquiera cuestionó si le gustaba.

Espera. ¿Por qué tengo ansiedad por no tener una vida que no quiero? ¿Por qué me comparo con personas que llevan una vida que no quiero? ¿Por qué me comparo con personas que odian cinco de los siete días de la semana? ¿Por qué me comparo con personas que esperan constantemente a que lleguen las próximas vacaciones?

Siento que el tiempo pasa cada vez más rápido y llegan las prisas por tener mi vida hecha y arreglada. Siento que es complicado marcar mis propios ritmos cuando siento tanta presión por seguir los ritmos marcados por la sociedad. Siento que cuanto mayor me hago, menos sé quién soy y qué es lo que quiero.

¿QUÉ TE ESPERA EN ESTE LIBRO?

Antes de explicarte lo que te espera en este libro, hay algo que te quiero decir. Estar escribiendo esto me tiene *cagada*. ¿Estaré a la altura? ¿Qué le parecerá a la gente? ¿Sabré gestionar los comentarios negativos?

Por eso quiero ser honesta contigo desde el minuto uno. Yo, Judit, solo soy la chica que está escribiendo estas líneas. Pero, aunque a mi ego a veces le duela, no soy tan importante. Mi vida no es tan importante. Mis creencias no son tan importantes. Lo que importa no soy yo, Judit, como persona, sino el mensaje que tú te vayas a poder llevar leyendo este libro. Quizá compartir contigo mis propias experiencias, mis aprendizajes y mi proceso hacia la vida adulta te pueda ayudar a ti a sentir menos soledad a lo largo de estos años.

A veces al ego le puede ir bien este recordatorio para no hincharse demasiado.

Y ahora que ya he explicado esto, seguimos.

En febrero de 2021 creé Readulteando. Sin duda, la pandemia fue para mí un antes y un después gracias a todos los libros que pasaron por mis manos y, aunque me cueste un poco admitirlo, gracias también a los cuatro meses de insomnio y ataques de ansiedad. Y bueno, gracias a quedarme sin trabajo.

Me sentía perdida y no sabía cómo encontrarme. La presión por ir haciéndome mayor no ayudaba tampoco. «Parece que la vida se acaba a los treinta, así que debo hacer algo con mi vida ya», pensaba. Y aproveché la pandemia para parar y leer. Tuve la suerte de poder hacerlo, claro. Me apunté a un máster de desarrollo personal y liderazgo, a partir de ahí, comenzó mi aventura.

Sentí que tanto los libros que leía como las formaciones que hacía iban dirigidas a personas mayores que yo. La media de edad en el máster sería de unos cuarenta y cinco años. Era siempre de las más jóvenes. La crisis de los cuarenta debe de pegar fuerte. Pero ¿qué pasa con las personas más jóvenes? Solo hacía falta mirar a mi alrededor para darme cuenta de que algo pasaba también entre la gente de nuestra edad. Miedos, presiones, prisas, expectativas, decepciones, pastillas para la ansiedad, pastillas para el insomnio, quejas... ¿Qué está pasando? ¿Qué nos está pasando? Entrar en el mundo adulto se nos está haciendo demasiado cuesta arriba.

El diccionario de Cambridge define el *adulting* como las «acciones y comportamientos considerados típicos de adultos, no de niños o personas jóvenes». El *adulting* incluye responsabilidades como pagar facturas, hacer las tareas del hogar... A mí esto me parecía una definición demasiado vaga. Es decir, ¿hacernos personas adultas significa dejar atrás todo lo que se considera diversión y empezar a tomar cada vez más y más responsabilidades?

No me convencía. De hecho, me negaba a ser ese tipo de persona adulta que ya comenzaba a ver en gente de veinte años. Por eso mismo, quise crear un nuevo concepto, «readulteando», y darle una nueva definición.

Readulteando es la acción que redefine el modo de vivir la vida adulta. Consiste en dejar de esperar que el mundo cambie y empezar a cambiar nosotros. Responsabilizarnos de nuestra propia vida, sin dejar de lado nuestro niño interior y sin perdernos en un mundo de obligaciones.

De alguna manera, quería demostrarme a mí misma que existía otra forma de vivir mi vida adulta, en concreto, mis veinte, que nada tenía que ver con lo que yo observaba a mi alrededor y con lo que me habían hecho creer ciegamente.

Y sí, logré demostrármelo. Logré crear mi propia manera de vivir las relaciones, de entrar en el mundo laboral, de disfrutar de estos años como yo quería... Mi vida no tiene nada que ver con lo que era antes. Si le llego a explicar a la Judit de hace un par de años que con veintiséis estaría escribiendo un libro, seguramente se habría reído en mi cara.

Aunque estoy en constante formación, no soy ninguna experta, simplemente soy una chica de veintiséis años que se encontraba tan perdida y sentía tanto malestar dentro de ella que tomó la decisión de cuestionarse y conocerse de nuevo porque la vida adulta que le habían vendido le estaba haciendo demasiado daño. Me encontraba sola y perdida hasta que empecé a conocer a miles de personas que se sentían de una manera muy similar a la mía. Suena absurdo, pero darme cuenta de que no estaba sola me ayudó a recuperar la calma perdida. Y quiero que también tú sientas eso a lo largo de este libro.

Cada proceso es diferente, solo tú puedes conocer el tuyo. Existe un universo entero dentro de nosotros, y tenemos toda la vida para irnos descubriendo, conociendo y aprendiendo. En este libro comparto contigo un trocito del mío, quizá te ayude a sentirte un poco menos solo y más acompañado.

Vamos a soltar presiones, expectativas y piedras de esa mochila que llevamos tanto tiempo cargando. Vamos a aprovechar esta vida que tenemos cuestionando la vida que hemos creído que era la única que podíamos vivir.

¿Empezamos?

¿CÓMO SE ORGANIZA ESTE LIBRO?

En las siguientes páginas, voy a exponer los cinco retos que para mí ha supuesto la vida adulta (de momento, que todavía me queda mucho por vivir y aprender).

El primer gran reto fue darme cuenta de que estaba llegando a la vida adulta. Sí, parecerá una tontería, pero entré en una rueda de obligaciones, de no parar, de hacer, hacer y hacer, y no sabía ni que me había metido en esa rueda: «Esto es lo que debo hacer y no lo cuestiono porque es lo que toca y es lo que hay». Analizaré el contexto en el que nos encontramos las personas jóvenes (la conocida como «generación de cristal», que de cristal tiene más bien poco) y hablaré un poco de algunos de los dramas que me he ido encontrando a lo largo de estos años.

El segundo gran reto fue mejorar mi relación conmigo misma. Me sentía fatal conmigo cuando terminé mis estudios, me exigía siempre demasiado y de alguna manera confiaba en que mi vida fuera perfecta y segura. Me machacaba por cada pequeño error y me ponía una presión horrible por cumplir con lo que se esperaba de mí ahora que estaba recién graduada de la universidad. La verdad es que nunca me pregunté qué quería yo, simplemente iba haciendo «lo que tocaba» en cada momento. Todo empieza en mí, los cambios se producen de dentro hacia fuera, así que esto de la ansiedad, la terapia y priorizar mi salud mental y la forma en la que me trato han sido y siguen siendo un gran reto.

El tercer gran reto ha sido uno de los que más me ha afectado durante estos años: la vida social y la presión por disfrutar al máximo de estos años. Siempre me he sentido un poco bicho raro, como que me costaba encajar. Me sentía mal viendo que «todo el mundo» tenía un grupo de amistades y hacía planes cada fin de semana, y yo, mientras tanto, en mi casa en pijama. Además, al salir de la universidad, me parecía que ya no sabía cómo conocer amistades nuevas. Comparaciones, gente que viene y va, fiestas, alcohol, presión por encajar, por disfrutar... ¿Cómo me estaba afectando todo esto? ¿Por qué digo que sí a planes que realmente no me apetecen? ¿Por qué sigo siendo amiga de esa persona que realmente no me aporta nada? ¿Por qué he salido de fiesta si no me gusta? ¿Por qué si no hago planes siento que estoy desaprovechando estos años?

El cuarto gran reto me encanta: los dramas amorosos. A mis dieciocho nunca había hecho nada con nadie ni había tenido pareja, y, bueno, sentía la presión. Presión por tener sexo, por tener pareja, por gustar a alguien. «Es que todas mis amistades tienen pareja o han tenido algún lío menos yo... ¿habrá algo malo en mí?». Por muchas canciones de amor que escuche o libros sobre el amor que lea, he necesitado vivirlo en mi propia piel para aprender. No ha sido fácil. ¿Cómo me puede estar afectando todo lo que he aprendido sobre el amor? ¿Realmente hay una única manera de vivir las relaciones de pareja? ¿Cómo construyo una relación sana? ¿Qué pasa si tengo veintidós años y no he tenido pareja o relaciones sexuales? ¿Y si tengo veintiocho y sigo sin haber encontrado a nadie? ¿Por qué todo el mundo tiene pareja menos yo? ¿Estoy con mi pareja por miedo a no encontrar a alguien mejor para mí?

El último gran reto es entrar en el mundo laboral. He crecido escuchando frases como: «Es demasiado difícil encontrar trabajo»,

«El futuro de la gente joven pinta muy oscuro», «Lo importante es tener trabajo», etc. Tengo cada vez más claro que la educación que he recibido no me ha preparado para el mundo en el que vivo hoy, sino para el de hace veinte o treinta años. Y de ahí el creer que lo que me define son mis estudios o mi trabajo, de ahí mi malestar, el sentir que quizá esté desaprovechando mi vida, las prisas por encontrar un trabajo cualquiera, el conformarme, el miedo a no tener dinero, el buscar la máxima seguridad... Madre mía, si la Judit de hace unos años me viera ahora...

Nada te va a cambiar la vida a menos que tú hagas algo al respecto, pero espero de todo corazón que este libro sea el inicio de tu viaje hacia una vida adulta que, quizá en estos momentos, no seas capaz ni de imaginar.

¿CÓMO PUEDES SACARLE PROVECHO AL LIBRO?

PASO 1

Sin duda, vivimos en una sociedad en la que todo lo queremos rápido. Incluso existen cursos sobre cómo leer más rápido. Este libro quiero que sea el ejercicio contrario. Tómate tu tiempo para leerlo, no lo leas pensando en el siguiente libro de tu lista y saca el máximo provecho de todas y cada una de sus páginas.

Quiero que uno de los aprendizajes no esté en las páginas escritas, sino en la manera en la que tú vayas a leerlo. Que cuando estés leyéndolo, realmente estés en eso. Como si fuera una especie de meditación. Que, durante el tiempo que vayas a estar con él, aprendas a estar presente sin pensar en lo que harás después y sin querer terminarlo lo antes posible.

No es una tarea. No es una obligación. No tienes que leerlo. Tampoco tienes que terminarlo. Si te gusta, lo lees. Si no te gusta, lo dejas.

Sentimos que tenemos tantas cosas que hacer que, cuando hacemos algo, nuestra mente está pensando en lo siguiente que va a estar haciendo. Así que, lee el libro pensando en el libro.

PASO 2

No te lo leas en un día. Ni en dos. No te marques plazos. Tampoco lo leas cuando estés cansada después de un día largo. No es un libro para hacerte desconectar, sino para hacerte conectar.

Relee los capítulos si es necesario o si sientes que no has prestado la atención que te hubiera gustado. Subraya, escribe, haz apuntes. Siempre me dijeron que en los libros no se escribe, pero es tu libro, así que haz lo que te dé la gana con él.

Pero calma. El objetivo del libro no es terminarlo.

PASO 3

Abre tu mente. Cuando empieces a leer, ya no serás Paula, David, María o [inserta aquí tu nombre]. Serás una persona dispuesta a conocerse de nuevo y a abrir su mente a nuevas posibilidades. Nos encerramos tanto en lo que creemos que somos que nos terminamos perdiendo infinitas posibilidades por el camino.

Si algo no te resuena, simplemente ignóralo. Quédate con lo que sientas que te pueda servir y suelta lo que no te aporte. Eso sí, suelta el «estoy de acuerdo» o «no estoy de acuerdo». Cuestiona todas y cada una de las palabras que vayas a leer. La mejor manera de estar o no de acuerdo con algo es abriendo tu mente y verificándolo a través de tu propia experiencia.

PASO 4

A lo largo de este libro, vas a recibir una serie de herramientas para pasar a la práctica. Como personas adultas que somos, no se trata del curso que hagamos o del libro que leamos, sino de lo que hagamos con ese curso o ese libro a título personal.

Abrir un libro, leerlo y cerrarlo de poco sirve. Únicamente depende de ti pasar a la práctica y empezar a realizar pequeños cambios en tu día a día.

PASO 5

El orden de lectura lo decides tú. Si hay algún área que te llama más la atención, empieza por ahí. Es tu libro, tú decides lo que haces con él. Así que léelo. Pero léelo de verdad. Abre tu mente. Cuestiona. Pasa a la práctica.

Ahora sí que sí, comenzamos.

LA
ENTRADA
A LA VIDA
ADULTA

UNA GENERACIÓN PERDIDA DISPUESTA A ENCONTRARSE

LA SALUD MENTAL Y POR QUÉ CADA VEZ AGUANTAMOS MENOS

Las personas jóvenes estamos cada vez peor. Es un hecho, no lo digo para alarmar. Aunque quizá estaría bien que nos alarmáramos teniendo en cuenta que, desde 2021, la primera causa de muerte entre jóvenes en España es el suicidio.

Gritamos y nadie parece escucharnos. Y no, no todo es culpa de las redes sociales ni del móvil. Eso es solo la punta del iceberg, una pequeña excusa para no mirar más allá. Estamos demasiado acostumbrados a culpar fuera para no mirar dentro.

Pero como se trata de salud mental, parece que da igual. Porque cuando alguien dice que no está bien, que tiene ansiedad, que no puede más, o lo que sea que diga, la mayoría de las veces ni siquiera se le toma en serio. Porque esa es la normalidad: «No es para tanto», «La gente joven ya no aguantáis nada», «Os quejáis por todo». Cuando comentamos que no podemos aguantar la presión de los exámenes del instituto o de la universidad, no nos toman en serio, porque nos dicen que es lo que nos toca, que nos lo tomemos de otra manera, y ya. Nos han dicho que para tener éxito debemos sacrificarnos, dar nuestro doscientos por cien, producir a todas horas y no perder el tiempo en tonterías como Netflix o TikTok.

Nos llaman generación de cristal porque supuestamente todo nos afecta demasiado. Pero quizá lo que nos afecta es cómo está montado el propio sistema al que nos obligan a entrar. Quizá lo que nos afecta es el miedo continuo a defraudar, a fracasar, a no alcanzar las expectativas de la sociedad... Quizá lo que nos afecta es no poder ni quejarnos de las condiciones laborales porque entonces somos unos débiles y unos vagos que no quieren trabajar ocho horas al día con dos días a la semana de fiesta. Pero es que no se trata de que no queramos trabajar, se trata de que no queremos que nuestra vida se base en trabajar.

Nos llaman generación de cristal, nos llaman débiles, porque si ellos se han matado a trabajar, nosotros también tenemos que hacerlo, porque es lo justo, porque si yo me he fastidiado, tú también. Si te niegas a hacerlo, si te niegas a vivir como ellos, si por un segundo dices que tú no quieres esa vida, se te critica, se te juzga, se te llama vago. Si por un segundo dices que trabajar ocho horas al día es demasiado, se te critica, se te juzga, se te llama vago. Si por un segundo dices que esta vida te crea ansiedad y te hace sentir realmente mal y necesitas ir a terapia, se te critica, se te juzga, se te llama vago. «Es que no aguantáis nada en esta generación, mirad nosotros todo lo que hemos hecho y todo lo que nos hemos sacrificado». Bueno, sí, pero ¿vale la pena sacrificar mi vida entera?, ¿mi salud?, ¿mi tiempo? ¿Y para qué exactamente? **Llega un punto en el que estamos tan mal que toca hacer lo que nunca nos han permitido hacer: cuestionar. No hay más.**

Pero la pregunta que me surgía era la siguiente: «¿Por qué las generaciones anteriores aguantaban todo lo que ahora las personas más jóvenes no aguantamos?». Realmente, la respuesta no es tan complicada como parece. Aunque las pastillas contra el estrés, la ansiedad y la depresión han ayudado bastante a que «aguanten» todo lo que han tenido que aguantar.

Sin embargo, aguantar no es lo mismo que vivir. Me basaré en la pirámide de Maslow para explicar esto. Para quien no sepa qué es, es una pirámide de cinco niveles ordenados de manera jerárquica según nuestras necesidades humanas.

Necesidades de autorrealización
Desarrollo potencial.

Necesidad de autoestima
Reconocimiento, confianza,
respeto, éxito.

Necesidades sociales
Desarrollo afectivo, asociación,
aceptación, afecto, intimidad sexual.

Necesidad de seguridad
Necesidad de sentirse seguro y
protegido: vivienda, empleo.

Necesidades fisiológicas o básicas
Alimentación, mantenimiento de salud,
respiración, descanso, sexo.

En la base de la pirámide encontramos las necesidades más básicas, que son las fisiológicas. Si estas no están cubiertas, ni siquiera vamos a poder pensar en subir al siguiente nivel, ya que suficiente tendremos con poder mantenernos con vida y alimentarnos.

A medida que vamos ascendiendo, encontramos diferentes tipos de necesidades. Cuando las básicas estén cubiertas, nos surgirán las asociadas a la seguridad: tener una vivienda, un empleo...

¿Qué pasa cuando ya tenemos un techo donde vivir y dinero para mantenernos? Que se generarán otras necesidades, subiremos al siguiente nivel, el de las necesidades sociales. Cuando ya tenemos todo lo demás cubierto, podemos empezar a pensar en necesidades relacionadas con el desarrollo afectivo, la intimidad, el cariño, la aceptación...

Y aquí voy a parar. En la época de nuestros abuelos, bastante tenían con mantener las básicas y las de seguridad cubiertas. Nuestros padres fueron subiendo de nivel. Algunas personas incluso empezaban a ir a la universidad. Se las educaba para tener un empleo fijo y ganar dinero para gozar de la máxima estabilidad posible. La vida consistía en trabajar para poder comprar una casa y formar una familia, y así, tener la necesidad de seguridad cubierta.

¿Qué ha pasado en nuestra generación? Que se nos ha educado de la misma manera que se educó a la generación de nuestros padres. Y la sociedad avanza tan rápido que asusta, pero la educación, sin duda, se ha quedado muy atrás. Ahora, tenemos la suerte de que la mayoría de nuestras necesidades están cubiertas. Hemos podido disfrutar de la oportunidad de asistir a la universidad y de tener siempre comida en la mesa y un techo donde dormir. En muchos casos, nuestra única preocupación es no contar con suficientes amigos o que nuestro *crush* no nos haga caso. ¿Qué significa eso? Que hemos tenido el privilegio de poder subir escalones de la pirámide, y eso, sin duda, debemos agradecerlo.

Claro que es un privilegio, por supuesto. Nuestras necesidades básicas, de seguridad y sociales, por lo general, las tenemos cubiertas (repito, por lo general). Y aquí es cuando entran en juego la autoestima y la autorrealización. Si las anteriores no están satisfechas, es probable que nuestra autoestima y nuestro respeto sean bajos. Centrarnos en conocernos y cuestionarnos y trabajar en nosotros no era una prioridad. Maslow dividía en dos las necesidades de autoestima:

- Por un lado, la necesidad de reconocimiento, de reputación, de fama.
- Por otro lado, en un escalón superior, la necesidad de respetarse a uno mismo, lo cual incluye la confianza en nosotros y sentimientos como libertad, independencia...

Hoy en día, algunas personas de nuestra generación somos privilegiadas al tratar de satisfacer estas necesidades de autoestima. Y no solo estas, sino que podemos aspirar a satisfacer las de arriba del todo de la pirámide: las de autorrealización. Cada vez más, lo que buscamos en nuestro trabajo y en nuestro día a día es sentirnos personas realizadas, que estamos aportando valor y talento a la sociedad. Buscamos crecer personalmente, descubrirnos, mirarnos hacia dentro. Y esto, un trabajo para toda la vida no siempre nos lo puede dar. Así que, a la pregunta: «¿Por qué las generaciones anteriores aguantaban todo lo que ahora no aguantamos?», la respuesta es que ahora tenemos el privilegio de cuestionar y cuestionarnos. Así que no lo desaprovechemos. Ya no queremos aguantar, queremos vivir.

Fui quien siempre me hicieron creer que era. Pensé lo que siempre me hicieron pensar. Hice lo que siempre me dijeron que debía hacer. Fui, pensé e hice lo que me dijeron. Y creyendo que lo sabía todo sobre mí, que lo que pensaba era cierto y que lo que hacía era lo correcto, me perdí a mí para ser lo que la sociedad quería que fuera. Fue tan sutil que no me di ni cuenta. La mayoría de mis acciones, palabras y comportamientos eran completamente inconscientes.

¿Cómo puede ser que, después de veintidós años de educación, siguiera sin saber quién era y qué me gustaba? Mi valor consistía en ser buena para los demás, pero jamás para mí. Consistía en demostrar que era buena estudiante, buena hija, buena novia, buena trabajadora. Tanto ser para los demás que dejé de ser para mí. Saqué buenas notas, tuve pareja, entré en la universidad, me gradué, conseguí trabajo. Me felicitaban. Normal, me convertí en todo lo que la sociedad espera de alguien. ¿Por qué me sentía tan mal entonces? ¿Por qué sentía tanta ansiedad? ¿Por qué no me gustaba nada de lo que hacía si, en teoría, siempre había hecho lo que tocaba?

Rompí con todo.

En medio de mis ataques de ansiedad, del insomnio, de sentirme perdida y de no saber quién era, me di cuenta de que la única persona que podía salvarme era yo. Que nadie más iba a hacerlo: ni mis padres, ni mi pareja, ni un trabajo, ni la sociedad.

Mi vida dependía de mí. Sentirme bien dependía de mí. Qué putada.

Al fin y al cabo, al contrario de lo que nos han hecho creer, no somos números, no somos recursos, no somos robots: somos personas. No podemos hacer como si no pasara nada. Lo fácil sería culpar a la sociedad, a los padres, al sistema, a la educación recibida. Pero vuelvo a decir, nada de eso nos va a salvar. **Si algo he aprendido es que convertirme en una persona adulta significa empezar a responsabilizarme de mis acciones. Y culpando no se aprende.**

En realidad, nunca me vendieron la vida adulta como una etapa demasiado bonita, pero tampoco la cuestioné. Era lo que me iba a tocar y ya. ¿Acaso podía hacer yo algo al respecto? Ser adulta significaba asumir responsabilidades, ir cada día a trabajar para ganar dinero, independizarme con la pareja, tener una familia, ir de vacaciones una o dos semanas en verano. Aunque, bueno, también implicaba disfrutar experimentando con chicos o chicas, salir de fiesta, emborracharse, tener mil amigos...

Me creí todo eso. Me lo comí bien comido. Hasta que llega el momento en el que te toca a ti ser esa persona adulta. Para mí, ese momento fue salir de la universidad. Siempre había sabido lo que iba a hacer el siguiente año: iría a clase, aprobaría asignaturas... Pero terminar la universidad supuso para mí entrar en la vida adulta. «¿Ahora qué hago? Debo buscar trabajo, ¿no? Ahora mi vida depende de mí», pensé. De nuevo: qué putada.

Acababa de entrar en la vida adulta, recién graduada, y ya me sentía fatal. «Qué exagerada», podría pensar alguien, «tampoco es para tanto...». Mi ansiedad me decía que sí era para tanto.

Entonces hice algo revolucionario: parar. Pisé el freno de un coche que llevaba veintidós años en piloto automático. Fue revolucionario porque, claro, vivimos en una sociedad que no nos permite parar. Está mal visto. Tenemos que ser productivos constantemente. Si no produzco, no valgo. Pero hice caso a mi cuerpo. Tuve la suerte de poder parar. Y es que, si no paro, no pienso. **Necesitaba parar de no parar para volver a pensar.**

Y ahí empezó todo. En esa pausa. Comenzó todo el viaje de aprendizaje y autoconocimiento que también voy a compartir contigo a lo largo de este libro. Porque lo que yo no sabía era que no había solo un camino. Y maneras de vivir la vida adulta había infinitas. Pero hasta que no paras, no lo ves. Hasta que no pisas el freno y quitas el piloto automático, no las ves. Y no todo el mundo quiere hacerlo. Porque tomar conciencia, a veces, duele. Porque ya se está bien estando mal.

Pero somos una generación perdida dispuesta a encontrarse, sin duda.

ENTRANDO EN LA VIDA ADULTA

ENTRE RETOS Y DRAMAS

Podríamos pensar que entrar en la vida adulta es una mierda, pero a mí me gusta pensar que simplemente supone una serie de retos.

Hemos crecido escuchando la conocida crisis de los cuarenta. Se podría decir que es el momento en el que las personas se empiezan a dar cuenta de que quizá su vida no sea tan maravillosa como les hubiera gustado. Claro, con suerte, empiezas a pisar un poco el freno y dejas de ir en piloto automático. Te preguntas: «¿Es esta la vida que realmente quiero?, ¿Cómo he llegado hasta aquí?, ¿Cómo he terminado así?».

En nuestra generación somos más guais. ¿Para qué esperar hasta los cuarenta para tener una crisis? Realmente somos impacientes, mejor tenerla a los veinticinco. Espera, a los veinte mejor.

Nos hemos criado con mensajes como que el mundo es una mierda y nos espera un futuro muy oscuro. Y nos los hemos creído, faltaría más. A medida que vamos creciendo, escuchamos lo horrible que es nuestra generación y que cada vez estamos peor. Que si antes las relaciones de pareja duraban más, que si no nos quejábamos tanto por el trabajo... En fin, que nuestra generación va de mal en peor. ¿Es realmente así?

No soy yo muy fan de tomar consejos de personas cuya vida no quiero. Así que ignoraremos este tipo de comentarios boomers. Tú y yo a lo nuestro. Porque, como ya he dicho, nuestra generación está haciendo algo revolucionario: cuestionar.

No es fácil. No es fácil vivir en una sociedad que está constantemente infravalorando tus problemas. No es fácil vivir en una sociedad que parece no darse cuenta de que la salud mental es tan o más importante que la física. No es fácil crecer. **No es fácil hacerse mayor en una sociedad a la que no le importa cómo te sientas, solo cuánto trabajes.**

Cuando estás mal, estás bien estando mal. Pero cuando estás muy mal, cuando sientes que has caído en un pozo y no sabes cómo salir, ahí es cuando empiezas a replantearte las cosas. Ahí es cuando comienzas a cuestionar, a tomar conciencia de todo lo que antes hacías de manera inconsciente. En definitiva, empiezas a parar.

Estudia, saca buenas notas, entra en una carrera, haz un máster, consigue trabajo, gana dinero, ten pareja, independízate. Espera, ¿qué pasa si tengo veintitrés años y no me gusta la carrera que he estudiado? ¿Y si tengo veinticinco años y no sé todavía qué me gusta? ¿O veintiocho y acabo de romper con mi pareja? ¿Qué pasa entonces?

La vida no está yendo como tocaba. A los veintitrés, me tendría que haber graduado. A los veinticinco, debería saber lo que me gusta y estar dedicándome a ello. A los veintiocho, debería estar independizada con mi pareja. ¿Quién nos ha dicho que esos son los tiempos de la vida? ¿Quién nos ha dicho que a cierta edad deberíamos tener y hacer ciertas cosas? ¿En qué momento nos creímos todo lo que nos dijeron sobre cómo había de ser nuestra vida? ¿En qué momento decidimos qué era lo correcto y qué no?

Entre tanto «debería», me empiezo a perder a mí. Entre tanto «debería», cada vez empiezo a sentir más presión y dejo de pensar por mí misma. Entre tanto «debería», vivo una vida con prisas. Porque si no corro, siento que se me acaba el tiempo. Si no corro, siento que no llego. **No sé hacia dónde estoy corriendo ni a dónde tengo que llegar, pero debo correr.**

No puedo fracasar. Necesito dar la talla. Necesito cumplir con lo que se espera de mí. No puedo equivocarme ni permitirme ningún error a la hora de elegir carrera o trabajo. Porque si no, ¿qué pasará? ¿Qué pensarán de mí? Y, peor aún, ¿qué pensaré yo de mí?

Cuánta presión. Cuánto estrés. Cuánta ansiedad. Esto no se sostiene por ningún lado.

Bueno, a lo que iba. En la adolescencia, teníamos una serie de expectativas sobre cómo iba a ser nuestra vida a los veintitantos. Y, poco a poco, vamos rebajando esas expectativas hasta que, finalmente, asumimos que no se van a cumplir. Recuerdo pensar que a los dieciocho me independizaría. Que entraría finalmente en mi vida adulta. Y me encuentro escribiendo este libro con veintiséis años, recién independizada, pero con un contrato laboral que en unos días se termina. Mentiría si dijera que no siento ningún tipo de presión.

Va a sonar raro, pero me alegro de que mi vida no tenga nada que ver con cómo esperaba que fuera cuando tenía quince años. Me alegro de que esa niña tan obediente haya dejado de serlo. Me alegro de que esa niña que ansiaba tanto la seguridad haya sido suficientemente valiente como para lanzarse a la incertidumbre. Me alegro de que esa niña que tenía tantas ganas de tener pareja haya aprendido a confiar en sí misma y a poner límites. Que me alegre no significa, sin embargo, que los cambios sean sencillos. Como he dicho, en estas edades tenemos una serie de retos. Retos de «entrar en el mundo real», como algunas personas lo llaman. Pero ¿qué es el mundo real? Lo de antes qué era entonces, ¿el mundo irreal? Supongo que por mundo real se refieren al «mundo serio», el mundo lleno de responsabilidades. De todas maneras, más que retos, los llamaremos dramas. Porque muchas veces así es como los vivimos, como dramas. Yo la primera.

DRAMA 1: LAS CRISIS EXISTENCIALES

No tengo ni idea de quién soy. No tengo ni idea de qué quiero en la vida. No tengo ni idea de qué me gusta.

Me dijeron que era muy inteligente y me lo creí tanto que me convertí en eso. Me dijeron que era muy obediente y me lo creí tanto que me convertí en eso. Me dijeron que era muy alegre y me lo creí tanto que me convertí en eso.

Me convertí en todo lo que me dijeron que era. Me lo creí y, basándome en eso, actué y decidí.

Qué manía tiene mi mente con hacerme creer que a los veintiséis ya debería saberlo todo sobre mí. Qué manía en hacerme creer que debo saberlo todo ya. Lo único que sé sobre mí es lo que siempre he creído que he sido.

Qué manía también creer que debo encontrar siempre respuestas a todo. A todo lo que soy, a todo lo que me sucede... Qué manía creer que no saber es un drama.

No tengo ni idea de quién soy, quizá porque realmente no necesito ponerme adjetivos que me limiten. No tengo ni idea de qué será de mí en unos años. No tengo ni idea de tantas cosas que tal vez el aprendizaje no es tener idea, sino aceptar que «no saber» forma parte de la experiencia de vida. Que **la tranquilidad no me la dará obtener respuestas, sino aceptar que no siempre podré responder a todo**.

Y está bien. Está bien no saberlo siempre todo.

DRAMA 2: NO SABER QUÉ HACER CON TU VIDA

Era 2019 y acababa de terminar una carrera de cuatro años que no me gustaba. ¿En qué momento se me ocurrió pensar que Publicidad y Relaciones Públicas iba a ser buena idea?

No sabía lo que quería hacer con mi vida, pero eso no era, seguro. Pero entonces, ¿qué? Si no me dedico y busco trabajo de lo que he estudiado, ¿qué?

Me sentía perdida, con ansiedad y sin la menor idea de qué era lo que iba a hacer a partir de ese momento. Siempre había hecho lo que supuestamente me tocaba, pero ahora lo que me tocaba era entrar en el mundo adulto. Y eso hice, entrar. Respondí a ofertas que ni siquiera me gustaban, pero si no respondía a ofertas de aquello que había estudiado, entonces ¿qué?

Después de dieciocho años en el cole y cuatro en la universidad, sacando siempre buenas notas, no tenía ni idea ni de quién era, ni de qué me gustaba, ni de qué iba a hacer con mi vida. Qué fuerte, ¿no?

Es realmente horrible tener la sensación de que los años están pasando cada vez más rápido, te vas acercando poco a poco a los treinta y tienes la vida cada vez menos resuelta. Tienes todo cada vez menos claro. Notas no solo la presión de tus amistades, ya que te comparas con sus vidas, y de tus familiares, puesto que percibes que esperan algo de ti, sino también la presión de la edad.

¿Qué pasa si a los treinta todavía no estoy ganando dinero? ¿Y si tengo veintiocho y todavía no me puedo independizar? Siento que tengo que resolver todo ya. Pero, mierda, tengo veinticinco y me quedan muy pocos años para resolver todo esto. Qué follón. Qué estrés.

Ahora, mientras estoy escribiendo esto, tengo veintiséis años. Sí, se siente la presión de la edad, no te voy a engañar.

Pero mi error fue pensar que con veintidós debía elegir ya qué hacer el resto de mi vida. Y eso es como estar debajo de una montaña y pretender ver la cima. Una vida entera no se decide a los dieciocho. Ni a los veinticinco. Ni a los cuarenta. No solo está bien no saber qué harás el resto de tu vida, sino que es lo normal. No pretendamos controlar a los veinte todo lo que nos espera a lo largo del camino. Es imposible.

Me di cuenta de que lo único que estaba en mis manos en ese momento era decidir el siguiente paso que iba a tomar. Únicamente el siguiente, no los cinco siguientes, ni los cien, ni los mil siguientes. Solo el siguiente paso, la siguiente acción que iba a realizar.

Cuánta presión te quita eso de encima. **No necesitaba saber ya cómo llegar a la cima; lo único que necesitaba era empezar a caminar por esa montaña.**

DRAMA 3: TERMINAR SIENDO UN ADULTO SERIO AMARGADO

Vale, admito que quizá no sea un drama muy común. Pero sí es uno de mis grandes dramas, así que lo comento.

Cuando era pequeña, admiraba a las personas adultas. De hecho, pocas veces me veía cómoda al lado de la gente de mi edad, no terminaba de congeniar. Nunca me sentí de mi edad, más bien una adulta de treinta años en un cuerpo de una niña de trece.

No recuerdo cuándo dejé de idealizar la vida adulta. Seguramente cuando empecé la universidad. Cada mañana, cogía el metro desde mi casa hasta la parada de Glòries, que era donde estaba mi facultad. De hecho, tenía que coger tres metros diferentes para llegar hasta allí. Así que tenía bastante tiempo para observar a las personas. Personas corriendo, caras largas, quejas, malestar, móvil en mano... Prisas. Desconexión. Piloto automático.

¿Por qué no veo a la gente feliz? ¿Por qué lo único que veo es gente quejándose de su trabajo? ¿Por qué lo único que veo es gente contenta de que llegue el fin de semana? ¿O quejándose de que ya es lunes? ¿O lamentando que ya han terminado las vacaciones? ¿Es este el futuro que me espera? Sí, sin duda. Todas y cada una de las decisiones que estoy tomando me están llevando hacia esa vida. Pero no quiero. No quiero esa vida.

Terminé la universidad y mis compañeros de clase ya estaban dentro de ese mundo. Pero yo me negaba a entrar. ¿Veintidós años y ya odiando los lunes? ¿Esperando que llegue el
fin de semana? ¿Veintidós años y ya con solo dos semanas de
vacaciones en verano? ¿Realmente esta es mi única opción?
¿Es esta la única vida posible? ¿No tengo elección? ¿Serán
así los próximos cuarenta años y no puedo hacer nada para
evitarlo?

«Con suerte, encontrarás un trabajo que te guste», me decían. También escuchaba frases como: «¿Tú qué te crees que
es la vida?» o «Vives en los mundos de yupi, la realidad es
así». Me lo creí todo. Por supuesto que me lo creí, ¿cómo no
iba a hacerlo? Es la vida predeterminada, la que te viene de
fábrica, y nada puedes hacer tú al respecto. Tú, Judit, has na-
cido para ser de clase media (como si eso existiera), no para
ser rica ni para tener la vida que sueñas. Eso es para unos
pocos con suerte. Pero si me creo todo esto, ¿qué tipo de vida
voy a crear para mí? Está claro, ¿no? La única que creo que
soy capaz de tener. ¿Por qué? Porque voy a tomar decisiones
coherentes con ese tipo de vida.

- Compórtate como una adulta, sé seria y formal.
- Compórtate como una adulta, no hagas el tonto.
- Compórtate como una adulta, no juegues, no te diviertas,
  no rías. Madura.

Qué drama, realmente, esto de pensar que puedo terminar
siendo una adulta que se queja de los lunes, que ya no tiene
sueños y que cada vez ríe menos.

Hace un tiempo me prometí a mí misma hacerme adulta sin
dejar jamás de lado a mi niña. Esa que ve un tobogán y quiere
tirarse por él, que juega a no pisar las líneas del suelo por la
calle, que se sube a un bordillo intentando aguantar el equilibrio o que le entra un ataque de risa en momentos inoportu-

nos. Me hice esa promesa al ver a las personas adultas siendo serias, comportándose siempre como «deben» y relacionando la madurez con lo opuesto a la niñez.

Quiero ser adulta teniendo claro que mi niña tiene un lugar también en esta etapa de mi vida. Porque qué manía con convertirnos en gente adulta que ya no ríe por nada, mira las noticias y se queja de lo mal que está el mundo y se olvida de que jugar también es parte de vivir.

Sin duda, me seguirán llamando inmadura. Pero solo lo harán aquellas personas que hayan olvidado a su niña por el camino. Mientras, yo seguiré riendo, jugando, llorando de risa y haciendo el tonto, mire quien mire y juzgue quien juzgue. Qué drama sería perder a mi niña en mi intento de ser adulta.

DRAMA 4: LA OBLIGACIÓN DE TENER PAREJA

¿Alguna vez has subido una story para que esa persona la viera y respondiera? ¿Alguna vez te has conformado e incluso has romantizado que alguien hiciera el mínimo esfuerzo por ti? ¿Alguna vez lo has dado todo por alguien que no te daba nada? ¿Alguna vez has seguido con alguien que te hacía más mal que bien? ¿Alguna vez te has enganchado de alguien que un día te prestaba toda su atención y al siguiente desaparecía? ¿Alguna vez has tenido que rogar a alguien para que te hiciera caso?

Creo que pocas personas se salvan de haber hecho alguna de estas cosas. Yo, sin duda, no me salvo ni de lejos. Cómo jode saber la teoría, pero después sentir que no la puedes aplicar a la práctica. Cómo jode rayarse por alguien que sabes que no vale la pena. Pero repito: estamos aprendiendo.

Aun así, es importante especificar algo: los tiempos cambian y las relaciones, también. Hemos ido observando cómo actuábamos, especialmente cuando éramos adolescentes, de acuerdo con unos mitos sobre el amor romántico que dábamos como verdaderos sin cuestionarlos. De jóvenes y gracias también al contenido que podemos ver en las redes sociales, hemos empezado a cuestionar estos mitos. Hemos empezado a ver las películas de amor como una ficción, que, al fin y al cabo, es lo que son. Hemos empezado a romper los contratos de pareja preestablecidos para crear los nuestros propios.

En la época de nuestros padres y, sobre todo, de nuestros abuelos, el amor era para toda la vida. De hecho, la mayoría de las personas, especialmente la generación de nuestros abuelos, se conocían en la niñez o en la adolescencia y a los veinte años ya estaban teniendo su primer hijo. Las relaciones se cimentaban sobre unas etapas: casarse, comprar una casa e ir a vivir juntos, y tener hijos. A los veinte, esa parte de su vida ya estaba resuelta.

Cabe resaltar el incremento de divorcios que se ha producido en los últimos tiempos entre las personas de más de sesenta años. Según datos del INE (Instituto Nacional de Estadística), en 2019 hubo 11.720 divorcios y 1.002 separaciones. Nada que ver con los datos de inicios de los 2000, ya que en 2005 el número de divorcios en esa franja de edad fue de 3.636. En diez años, aumentaron un 162 % y continúan en ascenso hoy día.

Ahora quizá estemos un poco más perdidos, no nos vamos a engañar. No es que ahora «las relaciones ya no duren nada», es que ahora ya no creemos en el amor para toda la vida si eso va a significar tener que elegir cada día a una persona que antes queríamos elegir pero ahora ya no.

Podríamos pensar que el aumento de la esperanza de vida, tanto en hombres como en mujeres, implique que a los veintitantos sintamos menos presión por encontrar pareja, pero ¿es realmente así, sentimos menos presión? ¿Puede ser que sigamos queriendo tener esta parte de nuestra vida ya resuelta a los veinte? ¿Puede ser que nos dé seguridad tener pareja durante estos años? En muchas ocasiones, seguimos actuando según estereotipos, seguimos creyendo que hay edades correctas para tener una relación o para independizarte con tu pareja. **Seguimos viviendo de acuerdo con los ritmos de las generaciones anteriores. Y no somos iguales. El mundo no es igual. Los tiempos no son los mismos.**

Nos han podido decir que disfrutemos a estas edades, que experimentemos, que estemos con personas diferentes, que la vida es larga como para atarte tan pronto a alguien. Puedes incluso sentir que te juzgan si a los veintitrés únicamente has tenido una pareja y nunca has tenido un lío.

El problema quizá no llegue entonces, tal vez llegue unos años más tarde. «Mierda, tengo veintiocho y no tengo pareja». «Mierda, me acerco a los treinta y quiero cortar con mi pareja, pero ¿qué haré entonces? ¿Qué haré si quiero tener hijos y no conozco a nadie más?». Qué presión, qué estrés. ¿Por qué todas mis amistades tienen ya pareja menos yo? ¿Por qué siento que se me acaba el tiempo? ¿Por qué siento que debería haber encontrado ya a alguien? ¿Por qué no consigo hacer que ninguna relación funcione?

En fin, un drama, el amoroso. Ya hablaremos de todo esto.

DRAMA 5: TENER CADA VEZ MENOS AMISTADES

Siempre me he sentido un poco bicho raro, me cuesta encontrar a gente con quien conectar y sentirme realmente a gusto. Me he forzado. Me he forzado a divertirme de la misma manera que lo hacían las demás personas, a hablar de las mismas cosas que hablaba el resto. Me he forzado a quedar con gente y luego pensar que mejor me habría quedado en casa.

¿Hay algo malo en mí? ¿Por qué no disfruto con las mismas cosas que disfrutan las demás personas de mi edad? ¿Por qué todo el mundo parece tener un grupo de amistades menos yo? Me siento de otro mundo.

Pienso que cuantas más amistades, más feliz seré. Pienso que, si no tengo un grupo de amistades, seguro que debe haber algo malo en mí. Seguro que el problema, entonces, soy yo.

¿Por qué cada vez me quedo más sola? ¿Por qué cada vez tengo menos amistades? ¿Por qué a medida que avanzo en mis veinte más gente desaparece? Mis amistades van haciendo poco a poco su vida, van teniendo otras prioridades. Cambian de trabajo, se mudan a otra ciudad, nuestros horarios no coinciden... Cuesta más quedar, es necesario hasta hacer Excels para encontrar un día que nos convenga a todos.

Me sentí mal pensando que no estaba aprovechando estos años, los supuestos mejores años de mi vida, porque «debería gustarme salir de fiesta». Me dijeron que debería emborracharme al menos una vez en mi vida, que debería salir más de casa, tener un grupo de amistades. Es lo que todo el mundo hace, ¿no? De lo que todo el mundo disfruta. Desde bien pequeña mi padre me advertía de que no dijera nunca «todo el mundo». «¿Quién es todo el mundo?», me preguntaba. Pero cuando es lo único que ves a tu alrededor, tu entorno parece ser todo el mundo.

Sentí que debía ser de otra manera. Quizá no haya mayor drama que sentir que tienes que ser de otra manera porque no está bien cómo estás. **Quizá no haya mayor drama que perderse a una misma para encajar con los demás.**

Tal vez ese sea realmente el drama. Luchar contra mí misma. Puede que el drama sea forzarme a ser como las demás personas. Quizá las demás personas también se están forzando a ser como las demás. Y entramos en un bucle en el que nadie se siente bien y todo el mundo se fuerza a ser alguien que no es.

Ojalá no hubiera necesitado sentirme tan sola para entender que de lo que se trata es de encontrar mi propia manera de disfrutar. Y no hay nada malo en eso porque cada persona es un mundo. Asimilar que los viernes por la noche son divertidos en una fiesta, pero también en casa viendo Netflix. Que tener un grupo está bien, pero tener una o dos amistades con las que realmente conectes también es maravilloso y perfecto. Que hacer planazos está bien, pero ir a merendar con tu mejor amiga también puede ser el mejor planazo del mundo.

Quizá el aprendizaje no esté en ser más como el resto, sino en ser más como yo, ni en tener más gente a mi lado, sino en rodearme de aquellas personas con quienes pueda ser yo en todo momento y en cualquier situación. Quizá el aprendizaje también esté en dejar de esperar que las demás personas ocupen mi tiempo, sino en aprender a pasar tiempo conmigo misma. Y dejar de evitarme constantemente. **Quizá son muchos, realmente, los aprendizajes que este tema nos da; solo debemos aprender a verlos.**

A lo mejor debemos dejar de llamar a todo esto dramas y empezar a verlo como oportunidades.

LOS MEJORES AÑOS DE MI VIDA

LO QUE TOCA HACER FRENTE A LO QUE ME GUSTA HACER

Qué follón, crecer. Yo, sin duda, no trabajo bien bajo presión. Y si no trabajo bien bajo presión, imagina cómo me siento viviendo bajo presión. Cuanto mayor me hago, más presiones percibo. Intento consolarme a mí misma a medida que pasan los años: a los veinte me daba cinco años más para tener la vida resuelta. Ahora que tengo veintiséis, pienso que ya si eso a los treinta la tendré (spoiler: no). No sé si es un buen método para quitarse presión de encima o si es únicamente un intento de engañar a mi mente. Sea lo que sea, no termina de funcionar del todo.

Parece mentira que una de las mayores presiones que se pueden sentir a los veintitantos sea la de tener que divertirse. Cuidado con las frases que comienzan por «tener que», porque se convierten en obligación y no en deseo:

Tengo que salir. Tengo que pasármelo bien. Tengo
que tener el tiempo ocupado con planes divertidos.
Tengo que estar con amigas. Tengo que viajar. Tengo
que emborracharme. Tengo que ir de fiesta.
Tengo que aprovechar al máximo estos años,
los supuestos «mejores años de mi vida».

«No puedes tener veintiséis años y no haberte emborrachado nunca». «No puedes tener veintiséis años y haber salido solo dos veces de fiesta». «Si no lo haces ahora, ¿cuándo?». Ahora es el momento de pasarlo bien, de liarla, de beber hasta vomitar, de experimentar con muchos chicos y chicas. Pero, espera... ¿yo disfruto realmente de todo esto? ¿Disfruto emborrachándome? ¿Disfruto liándome con personas que acabo de conocer en Tinder o de fiesta? Quizá sí, quizá no. Pero ¿me lo he cuestionado en algún momento? ¿O simplemente lo he hecho y ya?

Como se supone que estos tienen que ser los mejores años de mi vida, empiezo a buscar constantemente momentos de felicidad, persiguiendo situaciones y personas que me puedan hacer sentir esa emoción. Como si la felicidad fuera algo externo a mí. Mirar Instagram no es que ayude demasiado, tampoco. Por mucho que la teoría de que «lo que vemos no es real» la tengamos clara, en la práctica, lo que veo me lo creo. Y si lo que veo día tras día, desde que me levanto hasta que me voy a dormir, son vidas y mundos perfectos, la comparación va a resultar casi inevitable. Personas en la playa o haciendo una barbacoa con sus amistades, chicas con un cuerpazo... «Ellos disfrutando, y yo en casa en pijama». «Ellos disfrutando, y yo teniendo un día de mierda». «Ellos disfrutando, y yo teniendo que estudiar».

¿Soy la única que tiene ansiedad? ¿La única que se ha pasado la semana rayada? ¿La única que pasa malas noches? ¿La única que tiene días de mierda? Parece que nadie tenga malos días, excepto yo.

No, claro que no soy la única. Pero admito que a veces siento que sí lo soy. Porque lo único que conozco de los demás es lo bueno. Lo único que mostramos al mundo es lo bueno. Y me termino sintiendo hasta culpable de estar mal, de tener días de mierda, noches de mierda o semanas de mierda. Porque no debería, yo debería estar bien y disfrutar.

¿Realmente podría estar aprovechando más estos años? ¿Me arrepentiré en un futuro por no haber hecho o probado ciertas cosas? ¿Me arrepentiré de haberme quedado en casa los domingos?

Cuánta presión. Cuánta presión social, de hecho. ¿En qué momento empezaron todas estas presiones por pasarlo bien? ¿Cuándo me empecé a sentir culpable por sentirme mal? No quiero arrepentirme a los cuarenta de no haber aprovechado lo suficiente mis veinte.

Analicemos todo esto un poco. Todo empieza en la adolescencia, una época en la que buscamos encajar, formar parte de un grupo, no estar solos. Buscamos ser populares o, como mínimo, caer bien, que no se metan con nosotros. Vamos, sentirnos integrados y aceptados. Y llegan los quince o dieciséis años (aunque diré dieciocho para ser legales), y vemos que la clase empieza a ir de fiesta y a beber. Por fin, ya somos personas adultas y podemos hacer cosas de adultos. Con cuánta ansia esperamos este momento. Tanta ansia que cada vez la adultez llega a una edad más temprana. ¿Para qué continuar en la niñez cuando podemos ser personas adultas? Ahora, ves con ilusión que el siguiente paso en tu vida es empezar a salir de fiesta, disfrutar de tu juventud, pasarlo bien y con mil ganas de que llegue la etapa universitaria, esa etapa tan popularmente conocida por las fiestas y el alcohol.

No me cuestiono si eso me gusta a mí o no. Es simplemente lo que toca a mi edad, así que, ¿cómo no voy a hacerlo?

De alguna manera, he creído que solo existe una única manera universal de vivir estas edades. Y si la manera universal no me divierte, me termino forzando hasta que me divierta. Porque repito: no quiero arrepentirme; estos tienen que ser los mejores años de mi vida. **Pero disfrutar de tu juventud es hacer lo que a ti te gusta, no lo que toca.** Me ha costado aprender esto.

No «deberías» salir los viernes noche. Ni tener mil amistades. Ni ir de fiesta. Ni conocer a más gente. Ni tener mil relaciones sexuales con personas diferentes. Vivir desde la obligación lo único que hace es desempoderarnos. Dejamos de ser quienes somos para ser lo que quieren que seamos. ¿Es eso realmente lo que quiero? ¿Me vale la pena? ¿Perderme a mí para encajar con el resto? ¿Perderme a mí para que mis supuestas amistades me acepten?

Por eso, te quiero proponer un reto.

#RETOREADULTEANDO

Escribe una lista de cosas que disfrutes haciendo, cosas que serían planazos para ti. ¡Hazte un hueco cada día durante siete días en tu calendario y realiza esos planes! ¡DISFRUTA A TU MANERA!

Tu definición de diversión no siempre coincidirá con la definición de diversión que hemos creado como sociedad. Y eso está bien. Mi objetivo es que vayamos sacando piedras de esa mochila que estamos cargando 24/7. Que dejemos de vivir desde el «deber» y empecemos a vivir desde el «querer». Cambiar la obligación por el empoderamiento. Pasar de vivir de manera reactiva a vivir de manera proactiva en todos los ámbitos de nuestra vida. ¿Cuántas veces nos preguntamos el para qué de aquello que hacemos? No el porqué, sino el para qué. El «porqué» nos lleva a una justificación, el para qué a un aprendizaje. Pero ¿para qué nos vamos a preguntar el para qué si creemos que lo que hacemos es lo que toca, y ya, y es lo que hay?

«DISFRUTAR DE LA JUVENTUD» SEGÚN LA SOCIEDAD

Tener muchas amistades.	Tener un grupo de amigos con quienes hacer siempre planes.	Salir de fiesta.

«DISFRUTAR DE LA JUVENTUD» SEGÚN TÚ

Quedarte un viernes noche en casa viendo una peli.	Pasarte el finde leyendo, dibujando, escribiendo...	Ver a tu amiga o amigo una vez al mes.

¿En qué momento empezamos a creer que conocernos en profundidad es una tontería y no vale la pena? ¿En qué momento empezamos a normalizar el olvidarnos de nosotros para convertirnos en lo que la sociedad quiere que seamos? ¿En qué momento empezamos a identificarnos tanto con lo que nos han dicho que somos o con lo que nos han dicho que debe ser nuestra vida?

No soy lo que me dicen. Tampoco soy lo que me digo yo misma. Porque definirme es limitarme. Mi vida tampoco es la que me han dicho que debe ser. Porque definirla sería limitarla. Y a través de cada situación y persona que se cruza en mi camino, soy capaz de aprender sobre mí misma. Y a medida que voy conociéndome, voy aprendiendo a aceptarme. No es fácil, nada fácil. Aceptarte cuando siempre has pensado que había algo malo en ti no es fácil. Pero aceptarte significa aceptar tus gustos y respetarlos. Aceptarte también significa dejar de pensar que ojalá fueras de otra manera o te gustaran las mismas cosas que a las demás personas de tu edad. Aceptarte es dejar de luchar contra ti. Aceptarte es dejar de forzar ser alguien que no eres y abrazar todo aquello que te hace ser tú en este instante.

Y las personas que se tengan que ir se irán. Y las personas que se tengan que quedar se quedarán. Y las personas que tengan que llegar llegarán.

A veces siento que a todos nos hacen formar parte del mismo libro desde que nacemos. Como si nuestra historia fuera una y no tuviéramos ningún poder para reescribirla. Nos hacen creer que esta es la vida que tendremos y nada podemos hacer al respecto. Y llegan las presiones, los tiempos marcados y las prisas. Como si la vida terminara a los treinta. Digo treinta porque si digo veintiséis, que es la edad que tengo ahora, quizá me estrese un poco.

Ojalá haber aprendido antes que cada vida tiene sus propios tiempos. Que cada persona escribe su propio libro, su propia historia. Ninguna es igual a otra. Ojalá haber aprendido antes que la vida no tiene edad para ser resuelta porque nunca la terminamos de resolver del todo, aunque nos empeñemos en ello. Porque la vida son decisiones y aprendizajes constantes. Porque, aunque nos dé una sensación de seguridad creer que tenemos claro qué haremos hasta que nos jubilemos, debemos aceptar que realmente no sabemos nada. Y está bien no saber. Está bien no tener ni idea de lo que va a pasar. Está bien aceptar que a veces la vida es impredecible. Está bien dejar de pretender tenerlo todo controlado.

Sé que leerlo es más sencillo que aplicarlo. Pero cuántas piedras me quité de mi mochila cuando acepté que mi vida tenía sus propios ritmos y no tengo que resolverla a mis veintiséis. Perdería la gracia saberlo todo ya. **Tu vida, tu ritmo, tus tiempos. Es tu historia, la de nadie más. No permitas que nadie la escriba por ti.**

EL MIEDO A FRACASAR

REDEFINIENDO EL ÉXITO Y EL FRACASO

Te quiero presentar a mis compis de universidad. Estudiamos juntas durante cuatro años Publicidad y Relaciones Públicas en la Universitat Pompeu Fabra, en Barcelona. En 2019 nos graduamos y estas son sus vidas ahora.

Pilar era una de mis mejores amigas y es de Mallorca. Recuerdo que me hizo sentir muy bien estar junto a ella los cuatro años de carrera, ya que las dos estábamos igual de perdidas. Pasaban los trimestres y, a medida que aprobábamos las asignaturas, nos íbamos dando cuenta de que no estábamos ni la mitad de apasionadas por la carrera que el resto. Después de graduarse, Pilar decidió hacer un máster en Humanidades, que era lo que realmente a ella le gustaba, y empezó a enfocar su carrera hacia el mundo editorial. Debo decir que además escribe poesía y es flipante el talento que tiene.

Laia, de un conocido pueblo de Cataluña llamado Berga, fue sin duda una de las personas que hizo que no me arrepintiera de haber entrado en la universidad. Pese a que ciertas asignaturas podríamos decir que no le apasionaron en absoluto, yo notaba que ella no se había equivocado de carrera. Sin duda, durante esos cuatro años, ese fue su sitio. O al menos, así lo sentí yo. Actualmente, Laia está estudiando Artes Escénicas, y hasta que no la vi actuar un día en un teatro no me di cuenta de que eso sí era lo suyo. Alucinante lo bien que cantaba y actuaba. En paralelo trabaja en una sex shop, está montando una compañía de teatro y ha comenzado un pódcast llamado *Quin drama*. Espera, actualizo su vida, ya que hace unos meses que escribí esto: ha dejado el teatro, ha dejado el trabajo y se va de Barcelona. Sí, pues eso.

La historia de Alejandro, de Canarias, es sin duda una de mis favoritas. El primer día de clase él ya estaba con la mano levantada dispuesto a hablar. Era un crack, sin duda, el mejor de la clase. Admiraba esa pasión que tenía por la publicidad. Era inevitable compararse con él, me hacía dudar todavía más de qué hacía yo en esa carrera. Actualmente, está estudiando Ingeniería Informática y trabajando como desarrollador web. Muy fuerte, lo sé. Yo que pensaba que se haría famosísimo en el mundo de la publicidad, aquí está, haciendo algo no demasiado parecido. Estoy más que segura de que también es un crack en esto.

A Nerea, también de Mallorca, la consideré siempre una persona creativa. Tenía la sensación de que la carrera de Publicidad y Relaciones Públicas era para ella y que ese era su sitio. No iba mal encaminada, ya que ahora es una crack con las redes sociales. Actualmente, crea contenido como influencer sobre planes, gastronomía y *lifestyle* en sus redes sociales.

Y por último está David, de Galicia. Similar a Alejandro, se podría decir que David era de los mejores de la clase. Levantaba la mano, participaba siempre. A veces lo odiaba un poco, ya que era de los que levantaban la mano para hacer una pregunta justo cuando quedaba un minuto para terminar la clase. Recuerdo que muchas veces me sentaba a su lado, perdidísima con el temario, y él se enteraba de todo. Pensaba: «¿Cómo, David?, ¿cómo?». Flipaba, de verdad que flipaba. Hacer los trabajos con él era asegurarse de que sacarías buena nota. Actualmente, sigue en el mundo de la agencia y se está dedicando a la publicidad. Es project manager y estratega (he estudiado Publicidad con él y ni yo sé bien qué significa esto). Espero que se encuentre mejor, ya que el mundo de las agencias de publicidad es bien conocido por explotar a sus trabajadores.

Cómo cambia todo en pocos años cuando aceptas que ya no quieres aquello que pensabas que querías.

Me daba miedo ser un fracaso o que pensaran que era un fracaso. Me daba miedo aceptar que no quería dedicarme a aquello que había estudiado. Me daba miedo no ser lo que la sociedad esperaba de mí y no descubrir qué me gustaba a mí. Me daba miedo sentir que todos avanzaban con sus vidas menos yo. Veía a Laia apasionada con sus nuevos estudios de teatro musical, a Pilar ganando algún que otro concurso de poesía, a Alejandro feliz haciendo programación. Y yo, ¿qué hago?

Considero que no se habla suficiente de lo mucho que te comparas a estas edades con la gente que conoces, especialmente con tus amistades. Me alegro de que se independicen, de que descubran lo que les apasiona, pero parte de mí no puede evitar sentir cierta envidia. En parte, odio verme estancada y sentir que todo el mundo avanza más rápido que yo. «¿Quién es todo el mundo?», preguntaría ahora mi padre. «Pues todo el mundo, papa, todo el mundo», contestaría yo, a la vez que le nombraría únicamente dos o tres personas para confirmar mi teoría de que efectivamente es todo el mundo.

Me comparo con esa persona de veintiséis años que ya tiene trabajo y se ha independizado con su pareja. En teoría, las tres cosas que significan éxito a estas edades: pareja, trabajo y piso. Pienso que ya ha logrado lo que tocaba y yo sigo sin saber qué hacer con mi vida. Pienso que ya ha tenido todo lo que a esta edad considero éxito. Lo creo hasta que hablo con ella y me comienza a decir que se siente aburrida, que su vida es monótona y le genera ansiedad sentir que ya no debe dar más pasos porque ya ha conseguido lo que debía.

Esa persona con la que me comparo porque tiene lo que yo no tengo se siente aburrida y con ansiedad ante una vida rutinaria y monótona.

Busqué el éxito según una definición de éxito que jamás había cuestionado. Una definición basada en el hacer y el tener, sin importar cómo me hiciera sentir lo que hacía o tenía. Evité a toda costa fracasar de acuerdo con una definición de fracaso que jamás había cuestionado. ¿Qué es el éxito? ¿Qué es el fracaso? La gente que me ve me pregunta qué hago, pero jamás cómo me hace sentir lo que hago.

Siento que mi vida consistía en demostrar constantemente a las demás personas que no era un fracaso. Y eso agota.

¿Es realmente un éxito tener un «buen trabajo» si te quita las ganas de levantarte por las mañanas? ¿Es realmente un éxito si te hace desear que llegue el fin de semana? ¿Es realmente un éxito pasarte cuatro años de tu vida en la universidad estudiando una carrera que no te gusta? ¿Es realmente un éxito haber aceptado esa oferta de trabajo en la que tanto dinero te ofrecían, pero que tanto afecta a tu salud mental? ¿Es realmente un éxito que te feliciten constantemente por tus logros si al final del día necesitas pastillas para dormir y para controlar tu ansiedad?

Quizá el éxito esté en equivocarme porque significa que he sido lo suficientemente valiente como para intentarlo. Quizá el éxito esté en atreverme a hacer algo que hace un año no me atrevía a hacer. Quizá el éxito esté en dejar la universidad si siento que no es lo mío. Quizá el éxito esté en dejar de esperar que lleguen el viernes, las vacaciones o el fin de semana y en levantarme los lunes con ganas de que empiece la semana, no de que termine. **Quizá el éxito no esté en lo que hago, sino en cómo me hace sentir lo que hago.**

Éxito también es dejar ese trabajo que te hacía sentir como una mierda o esa carrera que odiabas. Éxito también es dejar a esa pareja que no te trataba bien. Éxito también es hacer una pausa para cuidar de tu salud mental. Pero, claro, este cambio de mentalidad cuesta. Porque no te felicitan por dejar una carrera o un trabajo, sino que te preguntan preocupados: «¿Por qué lo has hecho?».

#PREGÚNTATE

¿Qué significa para ti el éxito? ¿Qué buscas cuando buscas el éxito?

¿Estoy fracasando si soy la única que sigue estudiando una carrera a mi edad? ¿Estoy fracasando si soy la única que no se ha independizado? ¿O si soy la única que no tiene pareja? ¿O si no tengo todavía trabajo?

Me comparo. Pienso que a las demás personas les va mejor que a mí y que avanzan más rápido. Siento que se me acaba el tiempo. Como si a partir de los treinta ya no pudiera hacer cambios en mi vida ni tomar más decisiones.

No quiero ser una fracasada. No quiero que me vean como una fracasada. Pero ¿qué es el fracaso? ¿Por qué siento que fracasar es equivocarme y no poder seguir el ritmo marcado por la sociedad? ¿Por qué creo que fracasar es no haber cumplido con las expectativas que las demás personas tenían puestas en mí?

La sensación de fracaso desaparece cuando me doy cuenta de que solo es una simple idea de cómo pensaba yo que tenía que salir algo. El fracaso es una mera opinión de que algo tendría que haber salido de otra manera. Ya está, solo eso.

Sin duda, empezar a creer que el fracaso no puede existir me quita todavía más peso de esa mochila que llevo tanto tiempo cargando. No sé a ti, pero a mí me hace sentir más ligera.

Y es que fracaso no es no estar siguiendo los mismos ritmos que tus amistades. Repito: tu vida, tu ritmo, tus tiempos. Porque es tu historia, la de nadie más.

No, no es un fracaso que tu historia tenga otros tiempos.

CONVERTIRSE EN ADULTA

LA ADULTA QUE SE OLVIDÓ DE SER NIÑA

De pequeña pensaba que las personas adultas lo sabían siempre todo y ahora me doy cuenta de que hacerse adulta consiste en fingir que lo sabes todo cuando en realidad no sabes nada. A veces me pregunto cómo se vivía antes sin buscar absolutamente todo en Google.

*El peligro de idealizar ciertas edades
es que te terminas decepcionando.*

Cada vez somos niños menos tiempo. Cada vez somos adultos antes. Sonaré un poco boomer, pero yo a los trece todavía jugaba como una niña y ahora a los trece ya están pensando en tener sexo (no me lo invento yo, según un estudio realizado por la Asociación de Enfermería Familiar y Comunitaria de Cataluña, la edad media de la primera relación sexual con penetración es de 13,8 años). Fuerte, ¿no? Nuestra infancia y adolescencia cada vez duran menos. Ahora, queremos ser jóvenes adultos antes. Lo vemos en la manera en la que se visten, se maquillan, actúan, salen de fiesta... Parece que exista cierta prisa también en hacernos mayores, cierta prisa en vivir, en ser personas adultas.

Creí que hacerme adulta iba a significar empezar a hacer aquello que me gustaba y dejar de depender de mis padres. En cierta manera, me iba a dar libertad. Y de eso quiero hablar ahora, de todo aquello que pude creer sobre la vida y sobre el hecho de hacerme mayor.

Creí que sacar buenas notas me daría un futuro mejor, pero realmente lo que me dio fue ansiedad y autoexigencia. Creí que necesitaba ir a la universidad con dieciocho para tener un buen trabajo, pero realmente lo que necesitaba era parar y descubrir lo que me gustaba hacer. Creí que cuanto más me esforzara, más grande sería la recompensa que obtendría, pero cuanto más me esforzaba, peor me sentía en realidad. Creí que la meta a los veinticinco era tener trabajo y pareja, pero realmente la meta no estaba en hacer lo que tocaba, sino en cuestionarlo. Creí tantas cosas...

Creí que «la vida era así y ya» cuando esa frase era únicamente una excusa para quedarme como estaba y seguir avanzando por ese camino marcado. Para quedarme en mi zona de confort.

Mis veinte no están siendo demasiado sencillos. Quiero contarte dos de las cosas que más me han podido afectar, por tontas que puedan sonar.

CUMPLIR AÑOS DEJÓ DE HACERME ILUSIÓN

Estoy escribiendo estas líneas el día en que cumplo veintiséis años, el 2 de febrero de 2023. Ayer me puse a llorar porque no estaba ilusionada. Sentí que, de alguna manera, estaba decepcionando a mi niña interior, esa que se ilusionaba tanto con su cumple que la noche anterior se la pasaba sin poder dormir.

Hace unos días no tenía plan para mi cumpleaños y estaba en paz con ello. Estaba en paz con poder pasar el día conmigo misma. No podría haber dicho lo mismo hace tres o cuatro años. Es un avance. No pasa nada por no tener planes con gente por tu cumpleaños, no pasa nada si no te hacen una fiesta sorpresa con treinta asistentes. No pasa nada si te felicitan pocas personas. Te tienes a ti y eso es suficiente. Puedes elegir hacer algo que te guste, puedes hacer ese plan especial contigo.

Mi plan de hoy ha sido trabajar un poco por la mañana, ir a yoga como cada jueves y quedar con dos amigos en el König del Born, en Barcelona, mi lugar favorito para ir a comer, aunque siempre pida lo mismo. Luego he paseado un rato sola, he quedado con mi pareja y hemos comido un pastel en familia. No me quejaré, la verdad. Me siento afortunada. Me siento afortunada pese a las típicas bromas de «ya te acercas a los treinta, eh». Cabrones...

Y si me siento afortunada, ¿por qué siento que he perdido la ilusión? Parece que ahora la ilusión que antes llegaba sola ya no llegará a menos que yo me lo proponga. Siento que tengo que poner esfuerzo por mi parte o, si no, me convertiré en alguien que odia cumplir años porque odia hacerse mayor. Y no quiero eso, sé que mi niña tampoco querría eso, y de alguna manera creo que debo honrarla.

No estoy dispuesta a perder a mi niña por el camino, tampoco a perder la ilusión con la edad. Quizá mi cumpleaños ya no se trate de esperar que las personas quieran pasar ese día conmigo o hacerme regalos. Tal vez consista en pasar el día de la manera que a mí más me guste haciendo planes que me gusten, no importa si son solo conmigo. Soy suficiente y mi compañía es más que suficiente.

Entrar en el mundo adulto sin perder a mi niña es todo un reto, sin duda alguna. Pero ya no me asusta cumplir años, porque cuanto más adulta me haga, más seguiré aprendiendo a ser niña también.

DEJÉ DE SOÑAR A LO GRANDE

No sé qué les ha pasado a algunas personas adultas. Bueno, a la mayoría. No sé qué les ha pasado, pero no quiero que a mí me pase.

No quiero empezar a creer que el mundo es una mierda y que me tengo que conformar con lo que se me ha dicho que es «lo normal». No quiero creer que voy a tener que pasar los próximos cuarenta años de mi vida detrás de un ordenador trabajando para una empresa a la que no le importo ni un poco para después quizá jubilarme.

No quiero dejar de soñar a lo grande como lo hacía de pequeña. No quiero dejar de comprometerme con todos los sueños tan grandes que tengo. No quiero. Me niego.

Me niego a no haber soñado a lo grande y en unos años decir: «Ves, ya sabía que la vida era así, y punto». Que si no consigo aquello con lo que sueño no sea porque no lo he intentado.

Esta es mi manera de ver la vida, claro. Me parece más bonita pese a que la gente ya adulta me tache de inocente o me diga que me voy a meter muchas hostias pensando así. Como si no me las fuera a meter pensando de la otra manera. Al fin y al cabo, aquí estoy, escribiendo un libro. Tal vez los sueños tan grandes a veces sí se cumplan. Quizá, y solo quizá, la vida pueda sorprenderte cuando te abres a ella.

#LOQUENOCONTAMOS

Historia #1

Desde pequeña, he pasado por bastantes ataques de ansiedad, me la pasaba bastante encerrada y retraída del mundo por miedo. El miedo siempre ha manejado mi vida hasta el momento que decidí ir a terapia con veinte años. Juntando el aspecto de la salud mental con el de hacerme mayor, ha sido un caos todo. A medida que crecía y veía que tenía que tomar más responsabilidades en mi vida sin tener el respaldo de mis padres, me entraba un terror enorme. Recuerdo llorar en mi habitación y repetir la frase de «ya no quiero crecer, no quiero ser adulta». No lo decía tanto por el miedo de una niña a crecer, sino que venía más por el miedo a enfrentarme a nuevos retos, salir de la zona de confort y realizar tareas que nadie te ha enseñado a hacer: sacarte una cuenta de banco, pagar recibos... Mi ansiedad me desbordaba a la hora de hablar con gente nueva, y más con gente que no tuviera un buen carácter conmigo. Me sentía tan pequeña en un mundo tan grande que no sé cómo superé todo. Al final, esto es un proceso y hacerte adulto también lo es. La sociedad me pide unos requisitos para ser adulta, pero yo voy aprendiendo a mi ritmo y, sobre todo, voy escogiendo lo mejor para mí y mi salud, tanto física como mental.

Laura, 22, Pamplona

IDEAS QUE DESTACAR DEL RETO #1

• Mi salud mental es importante, no la ignoro ni le resto importancia a cómo me siento.

• Mi vida sigue mis propios ritmos.

• La vida no termina a los treinta; tengo toda la vida para conocerme y descubrir quién soy y qué me gusta.

• Si no cuestiono mi propia vida, terminaré viviendo la vida preestablecida.

• No tengo que decidir ya qué es lo que voy a hacer el resto de mi vida, solo tengo que descubrir cuál es el siguiente paso que quiero dar.

• No puedo fracasar porque el fracaso no existe, es solo una idea que tengo sobre cómo tendría que haber salido algo.

• Yo escribo mi propia historia; no permito que nadie la escriba por mí.

• Mi vida la disfruto a mi manera (y mis relaciones, también).

• Dejo de vivir desde la obligación («tener que») y empiezo a empoderarme. Yo vivo mi vida, la vida no me vive a mí.

• Ser adulta no tiene por qué significar dejar de lado a mi niña.

• Soñar a lo grande y tener ilusión por las cosas no tiene por qué perderse cuando soy adulta.

GUÍA PRÁCTICA PARA SUPERAR EL RETO #1

• **Las palabras importan.** Empieza a empoderarte con tu vocabulario. A partir de hoy, cambia el «yo debo» y «yo tengo que» por «yo quiero». La decisión de hacer o no hacer algo es tuya: la vida no son obligaciones, sino elecciones.

YO DEBO, YO TENGO QUE
Vivo desde la obligación

YO QUIERO, YO ELIJO
Vivo desde la elección

- **Los 10 minutos de oro**. Si siempre te quejas de que el día tiene muy pocas horas y tienes mucho que hacer, apúntate ya en tu calendario un espacio de diez minutos cada día para dedicarte a ti. Haz algo que te guste y te ayude a conectar contigo mismo: leer, dibujar, pintar, meditar, escribir...

- **Aprende de cada situación.** Cambia el «porqué» por el «para qué». En lugar de preguntarte: «¿Por qué siempre atraigo x tipo de chicos?» o «¿Por qué siempre me tocan jefes de mierda?», lo cual te lleva al victimismo y a la justificación, pregúntate: «¿Para qué me está pasando esto?», «¿Qué tengo que aprender de esto para que no me vuelva a pasar?».

POR QUÉ
Te lleva a una justificación

PARA QUÉ
Te lleva a un aprendizaje

- **Sueña a lo grande.** Escribe una lista de todo lo que crees que significa entrar en la vida adulta y ser una persona adulta.

Para mí, la vida adulta es...

Tomar conciencia de aquello que crees es el primer paso para poder cuestionarlo y transformar esa creencia por otra en caso de que no te esté dando los resultados que desearías en tu vida. ¿Cómo te gustaría a ti que fuera tu vida adulta? ¿Cómo te gustaría sentirte? La vida no es «esto es lo que me ha tocado y es lo que hay». Trata de cuestionar. La vida no te vive, tú vives tu vida: ¿qué eliges hacer con ella?

LA VIDA ADULTA Y YO

Historia #2

Ser adulta ha sido un desafío. Prácticamente pasé de jugar a tener una serie de responsabilidades que no sabía cómo gestionar. Desde la observación, prueba, error y acierto vas avanzando en la vida adulta. Ha sido una aventura y lo sigue siendo. Ser adulta me gusta, pero siento que hemos desconectado de esa parte alegre, de jugar, disfrutar, ser espontáneos, honestos, inocentes, soñar y vivir aventuras. Los adultos dicen que eso son cosas de niños, pero yo siento que van de la mano. Hay compatibilidad entre nuestra niña interior y nuestro adulto. Lo que más amo de ser adulta es la independencia, mi libertad de elección y poder expresarme tal cual. Es ser dueña de tu vida y eso es la aventura más grande. Ser adulta es cuestionarte todo lo que te han enseñado, ser valiente para vivir como realmente quieres. Y eso para mí es el mayor desafío y la aventura de ser adulta.

Airam, 29, Murcia

LA VIDA ADULTA SE ME HACE CUESTA ARRIBA

El otro día estaba teniendo una crisis existencial. Iba en el metro con mi mejor amiga, Paula, mientras le explicaba mi nueva preocupación y salió la frase que siempre sale: «Tía, las personas de nuestra edad estamos todas fatal, ¿eh?». Cuantas más historias escucho, más preocupante me parece la situación. Pensaba: «Pero si yo creía que la única que estaba mal y perdida era yo; la gente parece estar bien y feliz». No sé si sonará cruel, pero es un poco como cuando tenías un examen y, en lugar de estudiar, procrastinabas, le enviabas un mensaje a tu amiga y tampoco estaba estudiando. Te hacía sentir mejor pensar: «Bueno, si suspendemos, suspenderemos las dos». Me pasa un poco lo mismo con esto: «Bueno, me siento fatal conmigo y no tengo ni idea de qué hacer con mi vida, pero al menos no soy la única».

Me gusta imaginar que la vida adulta empieza a los veinte años. Eso significa que, si tengo veintiséis años, solo llevo seis años de adulta. Así que, bueno, normal que todavía esté averiguándolo un poco todo. Normal que no tenga ni idea de qué hacer con mi vida. Esta manera de ver la vida me gusta un poco más que la de creer que a mi edad ya debo tenerlo todo resuelto y saber lo que haré hasta el día en que me muera.

Estas son algunas de las cosas con las que he estado lidiando y todavía sigo lidiando a los veintitantos:

- No saber qué hacer con mi vida ni cómo podré independizarme.
- Tener miedo a fracasar y no poder lograr mis sueños.
- Tener cada vez menos amistades.
- Sentir que no tengo la experiencia suficiente para ningún trabajo.
- Sentirme mal por no aprovechar al máximo estos años.

La lista podría ser más larga, pero daría para otro libro. De todo esto iré hablando a lo largo de estas páginas, porque sé que no soy la única que está lidiando con todo esto.

SIETE CONSEJOS QUE LE DARÍA A MI YO DE VEINTE

Quiero compartir contigo siete consejos que le daría ahora a mi yo de hace seis años. Sí, esa que acababa de nacer en este mundo llamado «vida adulta».

1. Conviértete en tu amiga, por favor

No esperes a que las demás personas hagan planes contigo. Sé que te sientes sola, que sientes que necesitas amistades para hacer planes. Sé que no quieres estar a solas contigo porque te aburres. Pero empieza. Hazlo. Te va a costar un poco esto de estar a gusto contigo, pero lo lograrás, lo prometo. Al principio sentirás vergüenza, aburrimiento y pensarás que la gente te juzga. Pero te irás acostumbrando a tu propia compañía. Te acostumbrarás tanto que te terminará gustando cada vez más. Mereces ser tu amiga y pasar ratos contigo. Mereces irte conociendo poco a poco y poder divertirte contigo. No será fácil el proceso, pero valdrá mucho la pena.

2. Exigirte tanto no es una forma de amor propio

Eres demasiado dura contigo, no te lo mereces. No mereces que nadie te trate así, y menos aún tú misma. Cada vez que te insultes, para. Cada vez que te exijas de más pese a no poder más, para. Tu cuerpo te está hablando. Tus dolores de barriga te están hablando. No te pongas tanta presión en todo. El trabajo no está en buscar ser perfecta, sino en aceptar que no lo eres. No ser perfecta no te hace peor persona. No todo te saldrá bien a la primera, ni a la segunda, ni a la tercera. Sé que, por fácil que suene, te cuesta entender todo esto. Te cuesta no insultarte y machacarte cada vez que te equivocas. Pero cometer un error no significa tener que odiarte a ti misma. Te cuesta hablarte bonito cuando toda tu vida te has hablado feo. Te cuesta también tener paciencia en tu proceso de cambio. Pero, paso a paso, aprenderás a hablarte y tratarte de manera similar a la que hablas y tratas a las personas que quieres.

3. Las expectativas que los demás tienen sobre ti no son tu responsabilidad

No conviertas tu vida en una lista de obligaciones a las que hacer un check. Que sí, que eres muy inteligente. Que sí, que eres muy buena, muy lista, muy simpática, muy responsable. Pero eso no significa que tengas que terminar una carrera que realmente no te gusta solo porque todos parecen esperar que alguien como tú se gradúe. No significa que mejor que encuentres un buen trabajo nada más salir de la carrera porque todos parecen esperar que alguien como tú seguro que va a tener un buen trabajo. No cargues con el peso de las expectativas de las demás personas sobre ti. Tu mochila ya pesa bastante. No tienes que estar a la altura de las expectativas de los demás. No son tu problema. Alguien «tan inteligente, buena, lista, simpática y responsable» como tú también tiene derecho a sentirse perdida. Te prometo que sentirte perdida en la vida no te quita ningún valor como persona.

4. No dejes de invertir en ti

No termines de aprender y formarte en el momento en el que acabes la carrera. Sigue buscando siempre cosas que te generen curiosidad para no dejar de aprender nunca. Haz cursos, lee libros... Incluso cuando estés trabajando, no dejes nunca de ser estudiante. Encontrarás mil cosas que te encantarán, aunque ahora no lo sepas. Las irás descubriendo con los años y te apasionarán. Sé que ahora, con veinte, no lo estás pensando demasiado, pero invierte también en tu salud mental. Ve a terapia, lo necesitas, aunque ahora creas que es solo para gente que está muy mal. La mejor inversión que vas a poder hacer siempre es en ti misma.

5. La opinión que las demás personas tienen sobre ti tiene más que ver con ellas que contigo

Sé que te importa lo que las demás personas opinen. Sé que, aunque digas que no, sí que te importa. Buscas la aprobación externa pese a que te intentes convencer de que no lo haces. Te gustan sus aplausos y los «qué bien lo haces». Hagas lo que hagas, decidas lo que decidas, los demás siempre tendrán una opinión respecto a ti y tus decisiones. Te prometo que sus opiniones no tienen nada que ver contigo o con tu vida, sino con ellos. Lo que digan de ti tiene más que ver con ellos que contigo. Así que haz lo que sea que quieras hacer y no te tomes sus observaciones de manera tan personal. No son nada personal, de verdad, porque tienen que ver con su vida y no con la tuya.

6. Practica un deporte, da igual cuál

Que sí, que te da pereza. Que sí, que no tienes tiempo. Que te vas a poner mil excusas para no hacerlo porque «tampoco estás tan mal». Probarás esto de ir al gimnasio con tu mejor amiga y te lo pasarás bien, pero te darás cuenta de que quizá no sea lo tuyo y lo terminarás dejando. No pasa nada, estoy orgullosa de ti porque sé que lo habrás probado. Terminarás descubriendo cómo te hace sentir salir de una clase de yoga y no querrás dejarlo. Cuida tu cuerpo de la manera que te dé la gana, pero cuídalo, muévelo.

7. Que hayas comenzado algo no significa que debas terminarlo

Yo sé que sientes que comenzar algo y no terminarlo es perder el tiempo. Te pasa con los libros que lees o las series que miras, y te está pasando también con la carrera que estás estudiando, que se te está haciendo cada vez más cuesta arriba. Sé que piensas que dejarla habrá sido perder estos años de tu vida. Sé que piensas que, si empiezas una carrera de cuatro años, debes terminarla pese a que no te guste porque, ya que la empiezas, la terminas. Quiero decirte algo: que no acabes algo que no te gusta no significa que hayas perdido estos años de tu vida. No has perdido el tiempo. Quizá sea peor pasarte cuatro años estudiando algo que realmente sabes que no es lo tuyo. Acaso sea mejor dejarlo a los dos años. Dejar las cosas a medias no siempre tiene que significar que has fracasado. Puede ser que simplemente te hayas dado cuenta de que por ahí no es. Y eso no es un fracaso.

EL VIAJE HACIA UNA PERFECCIÓN IMPOSIBLE DE ALCANZAR

DESMONTANDO MITOS MODERNOS

Está cada vez más de moda hablar de amor propio. Lo sabemos. Tenemos más que claro lo importante que es amarnos a nosotros mismos. Profesionales diciendo que tenemos que querernos, cuentas de Instagram diciendo que, si no te quieres, nadie te va a querer, influencers diciendo que puedes con todo...

Termino sintiendo que, en lugar de tener menos piedras en la mochila, tengo todavía más. Se suman más obligaciones: quererme, ver la vida con positividad, sentirme bien todo el tiempo, hacer muchas cosas...

Qué presión, madre mía. **Una generación que ha crecido escuchando mensajes hiperpesimistas respecto a su futuro ahora tiene que ser optimista.**

Vamos a analizar algunas de las frases con las que hemos ido creciendo y que incluso nos hemos ido creyendo a lo largo de este viaje que es la vida.

«TENGO QUE QUERERME»

Uno de los mensajes que más he leído es el de «tener que quererme» porque, en teoría, si yo no me quiero, nadie me va a querer.

Analicemos un poco esto.

Si este mensaje es cierto, ¿qué pasa cuando no me quiero?, ¿qué pasa cuando, por lo que sea, no me he tratado de la mejor manera posible? ¿No merezco que me quieran si no me quiero?

Me imagino el «tienes que quererte» como una versión similar a la del «no te rayes». Tres palabras que parece que mágicamente deban solucionar mi vida, pero realmente no solucionan absolutamente nada.

Es tanta la presión que me pongo en quererme que, cuando no lo hago, me critico, me juzgo, me machaco. Me digo que no me estoy queriendo y que debería quererme y hablarme bonito. Me digo que debería tratarme bien en todo momento.

No quiero tener que quererme, quiero querer quererme. Porque quererme no debe ser una obligación, sino una elección y un proceso de toda la vida. No me despertaré un día amando cada parte de mí. No me despertaré un día sabiendo poner límites ni confiando en mí. No me despertaré un día sabiendo decir que «no». A veces me miraré al espejo y me sentiré fea; otras veces no me sentiré suficiente; o sentiré celos; en ocasiones diré «sí» cuando en realidad es un «no». Y seguiré trabajando en mí y en mi amor propio cada uno de esos días.

Lo estoy haciendo lo mejor que sé. Lo estás haciendo lo mejor que sabes en este momento. Lo estoy intentando tanto como puedo. Lo estás intentando tanto como puedes. Estamos aprendiendo. Estamos en el proceso.

Me perdono por ser tan dura conmigo misma y por haberme tratado de mala manera. Me perdono por no haber confiado en mí y por no haber puesto límites. Me perdono por no haber sabido soltar a personas que me hacían daño. Me perdono porque me permito ser humana.

Y habrá días que no me querré demasiado y otros en que no me soportaré o que me insultaré delante del espejo. Pero sabré que estoy dispuesta a seguir aprendiendo de cada situación y trabajando en mí misma. Y, en cada paso del camino, merezco darme ese largo abrazo que también le daría a cualquier amiga en una situación similar.

«TENGO QUE PODER CON TODO»

Un día, mirando tiktoks, me salió uno de una influencer española muy conocida, con millones de seguidores. Una seguidora le comentaba que no entendía cómo conseguía gestionar el hecho de estudiar y seguir yendo a las clases en la universidad y encontrar el equilibrio con todos los eventos a los que tenía que asistir. Terminaba su comentario con un: «Qué grande eres». En su respuesta, la influencer afirmó que sí hay tiempo, que «siempre hay tiempo para todo aquello que te propongas y quieras hacer». Se puso ella misma de ejemplo: se estaba sacando dos carreras, trabajaba en redes sociales, viajaba mucho, tenía un montón de eventos, mucho curro y muchos rodajes, salía con sus amigas y tenía tiempo para estudiar. Decía que, si ella podía, el resto también, que solo había que echarle un montón de ganas. Ella no era especial, decía; si ella podía, el resto también podía hacer cuanto quisiera. «Que nadie os diga que no hay tiempo. Con organización, hay tiempo para trabajar, para estudiar y para tener mucho ocio», concluía.

No conozco a esta chica y estoy segura de que su mensaje no iba con mala intención, así que no va a ser una crítica hacia ella, que no dudo de que sea una mujer maravillosa, pero sí hacia el peligro de lanzar mensajes como este y que lleguen a tantísima gente joven.

Cada persona es un mundo y su situación personal, también. Yo misma, por ejemplo, no pude nunca compaginar mis estudios con un trabajo. Pese a que lo intenté, mi salud mental se vio tan afectada que tuve que dejar el trabajo. O me echaron, no sé, quizá un poco de las dos cosas. Me costó aprenderlo, pero no soy menos ni mi vida es menos por no estar ocupada haciendo mil cosas o por no poder hacer esas mil cosas. No soy menos por no poder sacarme dos carreras o por no poder sacarme ni una. No soy menos por no llegar a todo. Al contrario de lo que dice ese mensaje: **no, no se puede hacer absolutamente todo**. Por mucha organización que tengas, no siempre hay tiempo para trabajar, estudiar y, además, tener mucho ocio. De hecho, si estudias y trabajas, puede que lo único que te apetezca al llegar a casa sea tirarte en el sofá y descansar. Y eso también está bien. No pasa nada por no llegar a todo o por no sacarte dos carreras a la vez que trabajas y tener, además, tiempo para ir a tomarte algo con tus amigos.

No es necesario hacer mil cosas para creer
que estás aprovechando tu tiempo.
No es necesario no parar ni un segundo
para sentir que estás aprovechando tu vida.

La vida de esta chica, que hace esas mil cosas, está bien, es válida. Pero la tuya, que no las haces, es igual de válida. Estás haciéndolo increíblemente bien pese a tus circunstancias. Es fácil compararse y centrarnos en lo que no hacemos o no podemos hacer, pero no te olvides de todas las cosas que sí has hecho. Has progresado mucho y has superado los obstáculos que se te han presentado hasta el momento. No lo olvides, vas genial.

«TENGO QUE ESTAR BIEN»

Otro mensaje que añade presión a estos años es el de «tener que estar bien» para sentir que estás aprovechando tu juventud y tu vida.

Mi diálogo interior es similar al siguiente:

«Me siento mal por estar mal.
Tengo que estar bien.

Voy a buscar constantemente situaciones
que me hagan sentir bien».

Mi ansiedad me produce dolores de estómago, a veces realmente fuertes. Cuando tenía un plan al día siguiente, me decía a mí misma: «Tengo que estar bien mañana». Pero ¿qué pasaba al día siguiente? Exacto, dolor de estómago. Yo quería estar al cien por cien y terminaba estando al veinte.

Tenía la sensación de que si quedaba con alguien y yo no me sentía alegre, terminaría afectando negativamente a esa persona. Y claro, no quería eso. Así que, o bien cancelaba el plan, o bien me mostraba contenta pese a no estarlo.

Está más que claro que todos tenemos días mejores y peores. También malas semanas, de esas que estás deseando que llegue el domingo para que terminen lo antes posible. Es algo muy obvio, pero que a mí me ha costado mucho entender. Puedo no encontrarme bien, puedo estar triste, enfadada, frustrada, molesta. No tengo que estar bien todo el tiempo, tampoco si quedo con alguien. No pasa nada si no me veo a tope. Además, no puedo esperar rendir como si no pasara nada cuando en realidad me noto al 20 %. En lugar de sentirme peor por no ser productiva en los días malos, quiero adaptar mis expectativas para igualar cómo me siento. ¿Por qué intento darlo todo si estoy al 20 %? Simplemente no puedo. No puedo porque no me siento bien hoy. Y eso está bien. Y está bien que mi máximo hoy sea el 20 %. Ese 20 será mi 100 de hoy.

Resulta complicado creer todo esto en un mundo en el que parece que lo único que veo son personas felices, especialmente en las redes. Miro alrededor y es como si nadie tuviera grandes problemas: gente riendo en bares, celebrando cumpleaños, viviendo constantemente mil y una experiencias...

Más fiestas, más alcohol, más planes con amigas, más festivales, más tardes de bares y más barbacoas... no serán suficientes para tapar el malestar.

Está bien no estar bien.
Está bien si lo máximo que puedes dar hoy es un 20 %.
Está bien no sentirte con ganas de hacer algo hoy.
Está bien atenderte cuando no estás bien, en lugar de
taparlo con más y más planes.
Está bien cancelar un plan si no te sientes con fuerzas de ir.

No tienes que estar bien. Porque estar bien no es una obligación. Somos seres humanos y vivir no es sentir solo las emociones cómodas como la alegría, sino también aquellas que no nos gustan tanto. De modo que date permiso para sentirte mal, sin querer estar de ninguna otra manera en ese instante. Sin querer taparlo, ni ocultarlo, ni forzándote a cambiar la actitud.

Cuesta, lo sé, yo todavía estoy aprendiendo.

CRECIENDO CON REDES SOCIALES

FILTROS, COMPARACIONES Y VIDAS FELICES

Este no va a ser un capítulo en el que me queje de las redes sociales y de lo perjudiciales que son para nuestra salud. Seguro que ya hay cientos de libros y estudios centrados en eso. Además, a mí me encantan, la verdad, así que sería una actitud hipócrita por mi parte criticarlas. Pero que me encanten no significa que no haya tenido que hacer un trabajo interno para usarlas de una manera beneficiosa. Durante un tiempo, y sin percatarme de ello, estaban siendo realmente perjudiciales.

Hace un tiempo escuché una conferencia de una mujer en YouTube. Recuerdo que era 2022 y que el verano se acercaba, la época del año en la que más me comparo con las demás chicas. Quizá te pase a ti lo mismo. Así que me puse a mirar una de sus conferencias sobre las comparaciones. Me gustó un montón, pero, cuando comenzó a tratar las redes sociales, me di cuenta de que quien pone voz a estos problemas son las generaciones anteriores a las nuestras. Es decir, las generaciones que no han pasado su adolescencia y su juventud en Instagram. Así que vamos a ello. Es hora de que sea nuestra generación la que hable de las redes sociales, del impacto que ejercen sobre nosotros y sobre cómo nos afectan o dejan de afectar.

«LAS REDES NO SON LA REALIDAD, PERO...
... SIENTO QUE SOY LA ÚNICA PERSONA QUE TIENE
DÍAS MALOS»

Me intento convencer de que las redes no son la realidad y de que esas personas que parecen tan felices solo están mostrando unos pocos segundos de su día. Me intento convencer de que sus vidas, sus cuerpos, sus amistades y sus mundos no son tan perfectos como parecen. Me termino comparando, juzgando. Pienso: «Todo el mundo parece pasarlo bien y yo aquí, en casa y en pijama».

Mundos perfectos
Vidas perfectas
Personas perfectas

Si esto es lo que veo día tras día, me lo acabaré creyendo. Me intentaré convencer diciéndome a mí misma que está más que claro que sus vidas no son así de perfectas ni ellas son así de felices. Pero, por mucho que luche contra esos pensamientos, lo que veo, me lo creo.

Fiestas, viajes, conciertos, amistades... Parece que nadie tenga malos días, excepto yo. Me digo que sí los tienen, pero jamás lo llego a ver.

Parece que nadie tenga ansiedad, ni días horribles, ni ganas de llegar a casa y ponerse a llorar. Me intento convencer de que sí los tienen, pero jamás lo llego a ver.

Y si no lo veo, no lo creo.

Escucho a personas que cuando hablan de las redes sociales dicen: «Está claro que estas personas tienen días malos, aunque solo suban lo bueno. Ya sabes que tienen días malos». Y yo pienso: «¿Seguro? ¿Ya lo sabes? ¿Lo tengo que dar por hecho, aunque lo único que vea día tras día sea gente feliz, con amigos, con su maravillosa relación y viviendo constantemente experiencias?». Si desde los catorce años yo lo único que veo a través de mi Instagram son personas felices y pasándolo bien, ¿seré capaz de ver sin dudarlo que esas personas tienen días malos? No lo tengo tan claro.

Me quejaba de que me afectaba ver que todo el mundo parecía contento, pero yo también subía mis mejores fotos y mis mejores momentos. Me quejaba, pero yo hacía exactamente lo mismo que me hacía daño a mí. Así que decidí mostrarme con naturalidad. Decidí presentar momentos de mi día sin juzgar si eran aptos o no para subir a las redes. Decidí normalizar que un mal día era igual de válido que uno bueno y que ninguno de los dos días necesitaba que yo justificara nada. Que, al igual que cualquier persona, a veces me siento feliz, agobiada, triste, preocupada, alegre, motivada, desmotivada... Y está bien enseñar todo aquello que me hace humana.

Al fin y al cabo, las redes son una herramienta. Podemos quejarnos o podemos también tomar responsabilidad sobre cómo decidimos usarlas.

#RETOREADULTEANDO

Desinstala las redes sociales que consideres. Puede ser una semana, dos, un mes... ¡Como tú veas!

Los primeros días abrirás el móvil cada dos por tres, pero poco a poco te irás sintiendo mejor.

Te propongo que hagas este reto al menos durante una semana. ¡Seguro que luego te apetecerá seguir con el detox al menos una semana más!

UNOS CUANTOS TIPS...

#1 Una vez cada dos o tres meses haz limpieza en tus cuentas. Deja de seguir aquellas que no te aportan nada.

#2 Si no te atreves a dejar de seguir a personas conocidas, siléncialas.

#3 Si en tu FYP te salen vídeos que no te interesan, dale a «No me interesa».

#4 Repara en los pensamientos que se te pasan por la cabeza cuando miras contenido. Toma consciencia de lo que piensas cuando miras un TikTok, un vídeo, una story... Observa si te está generando algún pensamiento negativo respecto a ti.

«... ME COMPARO CON SUS CUERPOS Y ME SIENTO MAL»

Un día, iba en el bus de camino a mi clase de italiano y, delante de mí, estaba sentada una chica que no tendría más de dieciséis años. Tenía TikTok abierto y pasaba vídeos. Mi For You Page (FYP) de TikTok consiste en perritos y bebés, así que jamás he sentido que esta red social fuera perjudicial. La FYP de esta chica era completamente diferente. La vería pasar entre diez y quince vídeos, todos ellos de chicas en bikini con cuerpazos bailando. No lo juzgo, pero cuestionemos de qué manera puede estar afectándonos la exposición diaria a este tipo de contenido, desde que nos levantamos hasta que nos vamos a dormir. ¿Cómo me hace sentir ver a estas chicas y sus cuerpos? ¿Cómo me hace sentir compararme con ellas?

De hecho, parece que cada año se cree un complejo nuevo. En los últimos tiempos, el hip-dip (ese hueco entre la pelvis y el muslo) es el nuevo complejo. Sí, algo completamente natural que ahora se quiere eliminar con ejercicios de gimnasio. Solo hace falta ver las búsquedas en Google cuando escribes «hip dips»:

🔍 hip dips   ✕ | 🔍

🔍 hip dips **que es**
🔍 hip dips **exercise**
🔍 hip dips **en español**
🔍 hip dips **ejercicio**
🔍 hip dips **como eliminar**
🔍 hip dips **bella hadid**
🔍 hip dips **y cartucheras**
🔍 hip dips **se puede eliminar**

Bueno, no solo eso, cada vez vemos a más chicas operándose los pechos o poniéndose ácido hialurónico en los labios. Existen incluso aplicaciones que no solo editan tus fotos, sino que también permiten editar tu cuerpo en vídeos. Ya no se distingue lo que es real de lo que no lo es. Y te empiezas a comparar con esa persona que se ha aplicado un filtro en la cara para tapar todos sus granos, pero no se ve en el vídeo. Te comparas con esa persona que se ha inyectado ácido hialurónico en los labios, pero parece tan real que ni reparas en ello. Te comparas con esa chica que tiene un cuerpazo, pero ha editado su cuerpo gracias a una aplicación. Empiezas a comparar tu realidad con algo irreal.

Si algo está claro es que la sociedad nos quiere con inseguridades. Parece que nuestro cuerpo nunca está bien tal y como está. Además, no sé si has sentido alguna vez que las personas se toman demasiado a la ligera esto de hacer comentarios sobre tu cuerpo. Lo normal es no gustarte. Lo normal es criticar a las personas que confían en ellas y se gustan. Lo normal es mostrarnos como personas inseguras. Cuanta más inseguridad exhibas, más elogios recibirás. Cuanto más segura, más críticas.

Aprendí que encontrarme bien con mi propio cuerpo dependía de mí justo el día 25 de diciembre de 2021. Sí, ese día exacto. Lo recuerdo perfectamente y te quiero explicar en qué momento mi mente dijo: «Estés como estés, alguien criticará tu cuerpo, así que lo único que te queda es estar bien para ti, no para los demás».

Eran Navidades. Me encanta la Navidad, pero es la época en la que más comentarios recibo respecto a lo delgada que estoy. Siempre lo he estado, desde bien pequeñita. Ojalá la palabra que usaran fuera únicamente «delgada», pero no, emplean términos bastante más despectivos. Incluso muestran caras de preocupación al ver mi cuerpo. Durante muchos años llegué a pensar que había algo malo en mí, ya que sentía que lo que me querían decir era que no estaba bien como estaba. Que tenía que estar de otra manera. Terminé creyendo que no estaba bien como era. Que debía ser de otra manera. Que hasta que no cambiara mi cuerpo no estaría bien.

Yo tenía un cuerpo sano. Mi constitución, al igual que la de mis padres y mi hermano, era delgada. Pero, aun así, no dejaba de repetirme que, hasta que no consiguiera engordar, no estaría bien.

Y llegó ese 25 de diciembre de 2021. Estaba en la comida de Navidad y, al terminar de comer, me senté en el sofá. Desde ahí, escuché que una persona le decía a otra: «Uy, estás demasiado delgada, eh, deberías comer más». ¿Qué pasa cuando observas que este comentario lo está recibiendo una persona cuyo peso tú estás intentando lograr?

Esté como esté, nunca voy a estar bien para quien no está bien con su propio cuerpo. Esté como esté, siempre va a haber alguien que proyectará sus inseguridades en mí. Esté como esté, nunca voy a estar bien para alguien que está mal consigo mismo.

Yo antes decía que me comparaba con los cuerpos de ciertas chicas desde la admiración. Pero ese «qué cuerpazo» lo estaba diciendo desde la envidia, desde el «ojalá ser así». Así que rechacé quién era pensando que estaba mal ser así y que debía ser de otra manera. Quise cambiar mi cuerpo desde el odio, no desde el amor a mi cuerpo. Me propuse cambiar desde el «no está bien ser así» en lugar de desde el «te quiero, cuerpo, y por eso te cuido».

#5 Son tus redes, tú debes observar qué te hace bien y qué no. Si te lastima ver los cuerpos de otras chicas en la playa, por ejemplo, siléncialas o déjalas de seguir. Es tu feed, es tu FYP, es tu cuenta. Así que: tus redes, tus normas.

«... ME HACE DAÑO VER QUE TODO EL MUNDO TIENE PLANES MENOS YO»

Grupos de gente en bares, de viaje, viviendo experiencias, pasándolo bien, riendo... Y yo, en mi casa mirándolos.

Veo lo que la gente quiere que vea. Veo esa hora en la que esa persona ha salido a tomar algo con sus amistades. Y **comparo las veinticuatro horas de mi día con los quince segundos que he visto del día de otra persona.** Poco a poco, a través de las redes sociales, cala en mí lo que es correcto y lo que no. Lo que debería hacer y lo que no. Termina pareciendo que solo hay una vida correcta y que, todo lo demás, todo lo que no se parece a esa vida, está equivocado. Solo hace falta mirar a mi alrededor e incluso dentro de mí y observar las presiones que siento y todo aquello que me hace sentir mal, todos esos «quizá debería...».

Quizá debería salir más. Quizá debería hacer más planes. Quizá me arrepentiré si no hago lo mismo que estas personas. Quizá podría ser más feliz si hiciera lo mismo que ellas, ya que parecen realmente felices. Quizá debería hacer más amistades. Quizá debería adaptar mi vida a la que parecen tener las demás personas.

Pensé que estaba mal tener pocos amigos porque *todo el mundo* parecía tener muchos. Pensé que estaba mal no hacer planes los fines de semana y que debería forzarme más. Pensé que estaba mal no salir de fiesta a mi edad y que debería probarlo al menos una vez en mi vida.

«... ME SENTÍ UN BICHO RARO POR CREER QUE LO QUE A MÍ ME HACÍA BIEN REALMENTE ESTABA MAL»

Ojalá alguien me hubiera dicho esto antes:

Tener muchas amistades está bien; tener pocas, también.

Salir un viernes está bien; quedarte en casa, también.

Tener pareja está bien; no tener, también.

Salir de fiesta está bien; no salir, también.

Hacer planes los findes está bien; no hacerlos, también.

Bien es hacer lo que a ti te hace bien, no hacer lo que las demás personas hacen.

Recuerda, es tu vida, tú decides.

#6 Para y reflexiona. No uses también las redes en piloto automático. Para y toma conciencia de aquello que subes y consumes. Las redes no son perjudiciales si aprendes a utilizarlas a tu favor y no en tu contra. Observa tus pensamientos cuando estás usándolas.

#LOQUENOCONTAMOS

Historia #3

A los doce años me diagnosticaron trastorno bipolar. Tengo un ciclo de tres meses. Cada tres meses, cambio de euforia al periodo de transición. En otros tres, a la depresión. Esto me jugó muy en contra en mi adolescencia. Ahora, con veinte años, sigo aprendiendo de mi enfermedad. Antes lo veía como un castigo. Decidí cambiar la pregunta: de un «por qué a mí» a un «para qué». Por otro lado, ahora estoy haciendo una carrera y me preocupa no terminarla o que no sea lo mío. El bendito «con un título vas a estar mejor, vas a tener oportunidades» me sigue comiendo la cabeza. Tengo muchos miedos, el primero es el de la opinión de mi familia. Tengo miedo también de no encontrar lo que es para mí. Tengo miedo de terminar siendo un vago, que es algo que me repiten mucho. Pero más miedo me da la soledad a lo largo de mi camino.

Iván, 20, Argentina

MIS EMOCIONES IMPORTAN

TODO AQUELLO QUE ME HIZO
SENTIR MEJOR CONMIGO MISMA

Tengo la sensación de que nuestra educación emocional ha sido, por lo general, bastante nula. Y ahora estamos con veinte, veinticinco, treinta años intentando expresar y gestionar nuestras emociones porque nunca aprendimos a hacerlo. Puede ser que, cuando de pequeña te enfadabas y montabas un berrinche, tus padres te echaran la bronca y te castigaran. Tal vez no te permitieran expresar lo que sentías o que te hicieran sentir mal por expresarlo, ya fuera castigándote o diciéndote que no te enfadaras, que no lloraras, etc. Nunca aprendiste entonces a estar en contacto con ciertas emociones y, finalmente, quizá incluso las terminaras bloqueando, ya que te hicieron creer que estaba mal sentirlas. Incluso que había algo malo en ti por sentirlas.

También es cierto que quizá echarle la bronca a tu hijo no sea la mejor opción para enseñarle a expresar y gestionar su enfado. Quizá gritarle por ponerse a llorar no es la mejor opción para enseñarle a expresar y gestionar su tristeza. Quizá castigarlo por estar expresando una emoción de la única manera que sabe no es la mejor opción.

No llores.
No te enfades.
No te pongas así.

No es para tanto.
Si me hablas así, te castigo.
Si no paras de llorar, te castigo.
Si no paras de gritar, te castigo.

Al final, nos convertimos en personas adultas que no sabemos cómo estar en contacto con ciertas emociones. Una mujer enfadada es una histérica y un hombre que llora, un débil.

No siempre podemos hacer esto solos, por eso veo la terapia tan necesaria y casi obligatoria (aunque, por desgracia, todavía no esté al alcance de todo el mundo). No confío en la gente que dice que está bien y no necesita ir a terapia. El menos loco es el que toma conciencia de su locura.

Bloqueé el enfado hasta tal punto de llegar a pasar diez años diciendo: «Yo no siento enfado». Pero solo estaba engañándome a mí misma. Cuando lo empecé a trabajar con una profesional, comenzó a salir el enfado en mi día a día. Empecé a sentir esa emoción con tal intensidad que volví a ser esa niña de diez años con berrinches. Ahora, eso sí, con herramientas para aprender a expresarla de manera que no me hiciera daño ni a mí ni a las personas que me rodean. Permitiéndome sentirla sin juzgarme por ella.

Y es que, sinceramente, es agotador pasarse la vida entera huyendo de todo aquello que te crea malestar y persiguiendo todo aquello que te crea bienestar.

CINCO COSAS QUE ME AYUDARON A SENTIRME MEJOR CONMIGO MISMA

Quiero compartir contigo una lista de cinco cosas que me han ayudado a sentirme mejor conmigo misma. Coge la que más te convenga y deja ir la que no.

1. **Me sentí mejor cuando dejé de luchar contra personas y situaciones que estaban fuera de mi control.**

Pensé que cuanto más huyera de las emociones incómodas, más feliz me sentiría. Pensé que cuanto más culpara a lo de fuera, más en paz me sentiría conmigo. Pensé tantas cosas que, al final, lo único que hicieron era hacerme sentir cada vez peor. Pensé que debía luchar contra mi cuerpo, contra mis emociones, contra las situaciones, contra las personas. Contra todo aquello que no me gustaba en el mundo.

Tanto luchar, que termino agotada.

Es agotador pretender cambiar constantemente a las personas de mi alrededor para que se adapten a mí y a mis necesidades, o intentar cambiar a alguien para así yo sentirme bien conmigo. Es agotador luchar contra todo aquello que no está bajo mi control.

He aprendido a centrarme en aquello sobre lo que tengo control, ya que, si no lo hago, mi vida será una lucha constante contra todo aquello que no depende de mí.

2. **Me sentí mejor cuando expresé lo que sentía en lugar de guardármelo para mí haciéndome creer que era una tontería.**

No llores. No te enfades. No te pongas así, no es para tanto. Es una tontería. ¿Has oído alguna vez estos comentarios? Llegó un punto en el que, después de tanto escucharlos, me empecé a sentir mal por sentir. Me decía a mí misma que era cierto, que era una tontería, que tampoco era para tanto lo que sentía. Pedía perdón incluso por llorar. Pedía perdón por sentir.

Empecé a invalidar mis emociones, a pensar que no debería sentir lo que sentía, que quizá sí había podido exagerar un poco. Así que empecé a callar. Me las guardé para mí, porque... ¿qué va a pensar la otra persona de mí?

Lo que siento importa. No es una tontería. **Si a mí me importa, entonces importa. Si para mí no es una tontería, entonces no es una tontería.**

Alguna vez me ha pasado algo que me ha hecho sentir que se me caía el mundo encima. Sentía que no podía más, necesitaba llorar y gritar. A la hora o así, pensaba: «Madre mía, Judit, estás fatal, eh, cómo te has puesto por una tontería».

Es posible que te haya pasado alguna vez algo así y que tu diálogo interno fuera similar al mío. En ese momento sentíamos que se nos venía el mundo encima e hicimos lo que necesitábamos, que era expresarlo. Y no era una tontería. Y era válido.

No infravalores nunca aquello que estás sintiendo. Repito: si a ti te importa, entonces importa. Lo que sientes nunca va a ser una tontería. Que nadie te haga sentir lo contrario y menos aún tú.

3. **Me sentí mejor cuando acepté dónde estaba en lugar de desear estar en otro punto de mi vida.**

Cuando tenga trabajo, seré feliz. Cuando me independice, seré feliz. Cuando tenga pareja, seré feliz. Cuando me gradúe, seré feliz. Cuando apruebe ese examen, seré feliz.

Si tuviera ya claro qué hacer después de la universidad, me sentiría mejor. Si me hubiera ido de erasmus, me sentiría mejor. Si tuviera dinero para ir a vivir con mi pareja o amigas, me sentiría mejor.

La cosa está en querer siempre algo diferente o mejor a lo que tengo en estos momentos. De la misma manera que hablaba de dejar de luchar contra situaciones o personas, lo mismo sucede en este punto: dejar de luchar contra el momento presente deseando que fuera de otra manera.

Aceptar el punto en el que estoy me permite seguir avanzando. Desear estar en un punto diferente al que estoy me impide disfrutar del momento presente, que, al fin y al cabo, es el único que existe.

4. **Me sentí mejor cuando empecé a dejar de querer quedar bien con todo el mundo.**

El mero hecho de creer que alguien podía pensar algo malo de mí me aterraba. Pero, claro, tanto pensar en querer quedar bien con todo el mundo me hizo desconectarme de mí. En lugar de pensar: «¿Qué quiero yo?, ¿qué me gusta a mí?, ¿qué opino yo?», pensaba: «¿Qué querrá él?, ¿qué le gustará a ella?, ¿qué opinarán ellos?».

Comparto contigo un ejemplo que me puso Débora, mi terapeuta. Imagina que estás en casa de tu pareja con su familia y su madre te ofrece comer algo que a ti no te gusta. Tenemos dos opciones:

A) Acepto, ya que es lo correcto y lo que debo hacer por educación. Es válido escoger esta opción, pero ¿en qué lugar me estoy poniendo a mí? ¿Estoy escuchando realmente a mi cuerpo y lo que me está pidiendo? ¿Estoy siendo coherente con lo que yo realmente deseo? Probablemente esté dando más importancia a lo que vayan a pensar de mí que a mi propio cuerpo.

B) Le doy las gracias por ofrecérmelo, pero le digo que no lo quiero comer, ya que no me gusta. Soy honesta y coherente conmigo misma y con lo que siento en estos momentos.

Recuerda que lo que piensen de ti no tiene que ver contigo, sino con la otra persona. Queriendo encajar con el resto y evitar a toda costa que puedan pensar mal de ti te terminas haciendo daño a ti.

Escucha a tu cuerpo. No dejes tus necesidades en segundo lugar.

Mi mente me sigue diciendo a veces que es de mala educación rechazar un ofrecimiento. Quizá te esté pasando a ti también mientras lees estas líneas.

Tus acciones son tu responsabilidad, pero las emociones de las otras personas no lo son. Cómo dices lo que sientes depende de ti; cómo lo interprete la otra persona depende de ella.

No es de mala educación rechazar algo.
No es de mala educación negarse a algo.
No es de mala educación escuchar a tu cuerpo.

A esto nos referimos con ser egoístas. Con dejar de ponernos siempre en segundo lugar. Se refiere a priorizarnos, a escuchar a nuestro cuerpo y a ser coherentes con aquello que sentimos. Significa no hacernos daño con tal de agradar a los demás.

El aprendizaje no está en gustar a todo el mundo, sino en gustarte a ti. Además, ¿cómo vas a gustar a todo el mundo si la gente ni siquiera se gusta a sí misma?

5. Me sentí mejor cuando aprendí que el proceso no es lineal.

Cuando mi mejor amiga, Paula, vivía en París, decidí ir a verla cuatro días. Una noche, empezamos a poner un poco de música en su apartamento y sonó «The Climb» de Miley Cyrus. Me dijo: «Esta canción me la ponía pensando en las recuperaciones de mates». Me reí en ese momento y me sigo riendo ahora mientras lo escribo, pero desde ese día no he vuelto a escucharla de la misma manera.

Ahora me la pongo cada vez que siento que voy hacia atrás o me encuentro ante un obstáculo difícil de superar. Te animo a hacer lo mismo. Y es que la vida no es una línea recta sin dificultades, la vida son constantes subidas y bajadas, como esa montaña de la que habla la canción. Y a veces, pese a tu esfuerzo, te frustrarás porque sentirás que, en lugar de dar pasos hacia delante, los estás dando hacia atrás. Sabes que es imposible, pero en ese momento, tú lo sientes así.

Es un proceso y no siempre es sencillo. A veces es decepcionante, pero te quiero recordar lo mismo que me gusta recordarme a mí: los días en los que me noto muy abajo, en los que siento que todo me sale mal y que vuelvo al punto de partida, me digo que la línea sigue yendo hacia delante y nunca hacia detrás. Que estoy avanzando, quizá no al ritmo que me gustaría, pero lo estoy haciendo de la mejor manera que sé en estos momentos.

MI MENTE, MI PEOR ENEMIGA

SEIS CONSEJOS PARA MENTES SOBREPENSANTES

Me repiten constantemente que viva en el presente, pero qué complicado vivir en el presente cuando tengo una mente que va a mil por hora. Qué complicado vivir en el presente cuando vivo con tantos miedos. Ahora estoy bien y al segundo llega un pensamiento que no me deja dormir. Ahora estoy bien y al segundo imagino situaciones catastróficas que probablemente jamás sucederán, pero mi mente me dice que quizá sí. Ahora estoy bien, ahora no.

Mi mente corre maratones diarios y no siempre sé cómo pararla. Normal, no es algo sencillo. Me considero experta en sobrepensar las cosas.

Vamos a aprender a volver al presente cuando nuestra mente se nos vaya a un futuro imaginario. Esto es algo que he podido asimilar a lo largo de los últimos años de mi vida. Estos son algunos consejos que a mí me han servido, quizá a ti te sirvan también. Si no, no pasa nada, ya encontrarás algo en otro momento que te terminará siendo útil.

#1 **Descubre y dedica parte del día a hacer actividades que te relajen y que te ayuden a calmar la mente: leer, pasear, pintar.**

Estamos tan desconectados de nosotros que parece que no queda ni tiempo durante el día para volver a conectar. Ni siquiera diez minutos tenemos para dedicarnos a nosotros. Por eso, el primer consejo que te quiero dar es que te dediques diez minutos mínimo al día a ti, que te ayuden a volver a conectar contigo y con el momento presente.

Practica meditación.

No, no significa dejar la mente en blanco. Tampoco sentarte en una silla sin hacer nada. Existen infinitas maneras de meditar, y hacer deporte puede ser una de ellas. Pasear centrándote en tus pasos puede ser meditar, comer centrándote en la comida puede ser meditar, ducharte centrándote en la ducha puede ser meditar.

Observa todos los pensamientos que te vayan llegando (porque te llegarán, la mente parece no cansarse nunca). Como si esos pensamientos fueran nubes en el cielo, de la misma manera que llegan, déjalos ir.

Es probable que hayas tenido pensamientos intrusivos como tirar el móvil por la ventana o a las vías del tren. Tienen el mismo valor que pensar «no valgo para nada». La única diferencia es que uno te lo decides creer y el otro lo dejas ir porque sabes que es absurdo. No es un ejercicio fácil de hacer, pero observar nuestros pensamientos y aprender que no somos lo que pensamos puede resultar de gran ayuda en nuestro día a día.

#3 Permítete sentir lo que estés sintiendo en ese momento. Suéltalo, déjalo ir, no te lo quedes dentro.

Sentir no es malo, sea lo que sea. Lo malo es guardártelo para ti. Cuanto más te guardes las cosas, más grandes se irán haciendo y más daño te terminarán causando.

No te criminalices por sentir, eres un ser humano y estás en tu derecho de sentir, sin sentirte mal por ello ni castigarte duramente.

Elimina de tu vocabulario las siguientes frases:

X No debería sentirme así

X Perdón por enfadarme

X Perdón por llorar

X Quiero estar bien

X No quiero afectarte

#4 Escribe. Suelta todo lo que estés sintiendo y pensando en un papel.

Deja ir todos los pensamientos que se te pasen por la mente, especialmente en los momentos de más ansiedad. Traslada a un papel tu monólogo interno. En caso de no tener un papel a mano, te puede ayudar escribirte a ti misma un WhatsApp con todos tus pensamientos, vomitarlos en la conversación.

Haz una actividad física.

Salta, ve a correr, a pasear, haz yoga... Pon tu cuerpo en movimiento: te ayudará a reconectar con él y a sentirte mejor una vez que termines la actividad.

 Escucha música.

La que quieras. No hay ni buena ni mala. La música triste no tiene por qué ser mala, puede ayudarte a soltar todas las emociones que experimentes en ese momento.

NO, NO MOLESTAS

Quiero contarte dos anécdotas.

La primera tiene que ver conmigo. En 2015 empecé una relación a distancia, mi primera relación. Yo era una persona bastante insegura y por fin un chico se fijaba en mí, así que acepté salir con él. Durante los cuatro años que duramos, mi pareja me decía cosas como: «Eres una exagerada», «Tus problemas son una tontería, lo mío sí son problemas de verdad», «¿Te vas a poner a llorar otra vez?». Constantemente tenía que estar pidiendo perdón por ser yo misma y por sentir lo que estaba sintiendo. Comencé a infravalorarme, a pensar que era todo eso que él me decía.

La segunda anécdota es de una chica de la comunidad de Readulteando que me escribió lo siguiente: «Cuando era más pequeña, tipo veinte años, le contaba algún problema a mi madre y me decía que no tenía importancia y se lo tomaba a risa. Me hacía sentir estúpida y que lo que yo sentía no era válido. Era horrible. Y vas creciendo y te vas sintiendo insegura de todo, porque te hicieron creer que lo que te pasa no tiene importancia».

No infravalores lo que sientes ni permitas que nadie más lo haga por ti ni te diga que es una tontería. No molestarás nunca cuando la compañía es la adecuada porque a la gente adecuada nunca le molestará que seas tú misma y que expreses aquello que sientes. Te querrán, te aceptarán y estarán encantadas de escucharte. No tengas miedo de ser tú mismo. Si alguien te dice que eres muy intenso o que eres «demasiado», abraza esa intensidad y piensa: «Es verdad, soy demasiado para ti porque valgo mucho». No exageras, no tienes problemas tontos. Si sientes que has cometido un pequeño error, pero en ese momento te parece el error más grande del universo, siéntelo, lloralo, grítalo.

No seas alguien que no eres solo para hacer sentir bien a las demás personas.

Recuerda:

No, no molestas por mandar textos largos.
No, no molestas por mandar audios de tres minutos.
No, no molestas por explicar cómo te sientes.
No, no molestas por llorar delante de alguien.
No, no molestas por querer expresar tu opinión.
No, no molestas por explicar algo que te pone feliz.
No, no molestas por llorar delante de alguien.
No, no molestas por necesitar desahogarte.
No, no molestas por pedir que te hagan compañía
cuando no quieres estar solo.
No, no molestas por explicar aquello que te preocupa.

No, no molestas. Porque quien te quiere, te disfruta en todo momento y en cada uno de tus estados de ánimo.

No, no molestas. Así que no digas: «Perdón por molestarte», sino: «Gracias por escucharme».

Que nunca nadie te haga sentir lo contrario.

#LOQUENOCONTAMOS

Historia #4

Siento que hay una presión por saber quién eres, qué te gusta, a qué te quieres dedicar, con quién quieres compartir tu vida... Y más en el mundo de las redes sociales donde parece que todo el mundo está superubicado en la vida y sabe perfectamente quién es. Parece que no hay margen para probar, equivocarse y descubrir quién eres. Cuando empecé a estudiar fuera de mi pueblo, empezó el volcán de la ansiedad. Me sentía muy asustada de tener que empezar ya mi vida y ni siquiera sabía si quería estudiar lo que había elegido (spoiler: cambié de carrera). En general, creía que, si no se te daba bien socializar o ser adulta en general, te quedabas atrás, y tampoco sentía que tuviera ningún apoyo en ese sentido.

María, 24, Valencia

IDEAS QUE DESTACAR DEL RETO #2

• Pasa tiempo contigo hasta convertirte en tu mejor compañía.
• Comienza a tratarte y hablarte como tratas y hablas a la gente que amas.
• Lo que sientes no es una tontería. Si a ti te importa, entonces importa.
• Está bien no estar bien. Está bien no dar el cien por cien cuando tu máximo hoy es un veinte.
• No siempre podrás con todo ni con todo a la vez.
• Quererse no es una obligación ni tampoco algo que sucede de un día para otro.

• Las redes son solo una herramienta, ni buena ni mala; cómo la uses depende de ti.

• No, no molestarás nunca cuando estés con las personas adecuadas. Que nadie te haga sentir lo contrario.

GUÍA PRÁCTICA PARA SUPERAR EL RETO #2

Trabaja el amor propio desde algo específico. Decir que debes quererte no te ayudará demasiado a quererte. Marca objetivos que sepas que puedes ir realizando en tu día a día. Recuerda que debes comprometerte con aquello que apuntes, querer algo no es suficiente.

Por ejemplo:

- Diré que no cuando no me apetezca quedar con alguien.
- Me apuntaré a clases de yoga o al gimnasio.
- Meditaré diez minutos al día antes de ir a dormir.
- Dejaré de seguir cuentas de Insta o TikTok que no me aporten.

Deshazte de la obligación. Cambia el «tengo que quererme» por el «elijo quererme». Tener que quererte te hará sentir mal en tus días malos, mientras que elegir quererte te permitirá acompañarte durante esos días malos.

Sé tu amigo. Conviértete en esa persona que te gustaría tener a tu lado cuando te sientas mal. ¿Qué te gustaría que te dijera? ¿De qué manera te gustaría que te acompañara? Sé tú esa persona que desearías tener a tu lado.

Perdónate. Perdónate por sentir envidia, por sentir ansiedad, por haber contestado mal a ese amigo por WhatsApp, por haber aceptado que te trataran de una manera que no merecías. Perdónate porque sabes que estás en el proceso y todavía estás aprendiendo.

LA VIDA ADULTA Y LAS AMISTADES

LA PRESIÓN POR ENCAJAR EN UN GRUPO

EL ARTE DE SENTIRTE UN BICHO RARO

Es 2014, tengo diecisiete años. Todo el mundo habla de salir de fiesta, y yo también quiero. Lo pruebo y me decepciono. Pienso: «¿Esto es lo que hay que hacer ahora?, ¿Esto es con lo que disfruta la gente?». No me llama el alcohol, así que no lo pruebo. Si hubiera tenido un grupo de amistades a esa edad, quizá me habría sentido más presionada por hacerlo y encajar en su grupo, pero no fue el caso. No estaba encajando de todas formas.

Es 2015, tengo dieciocho años. He probado tres veces esto de salir de fiesta y me ha parecido horrible. Pienso: «¿Por qué se lían con personas que acaban de conocer? ¿Por qué se emborrachan hasta vomitar? ¿Por qué quieren pasar la noche sin dormir y estar cansados el día siguiente?». Sin duda, me siento bastante bicho raro, siento que debería disfrutar de esto que toca hacer a esta edad, pero no lo disfruto ni mucho ni poco.

Es 2016, tengo diecinueve años. Termina el primer curso de la carrera y decido ir a la fiesta de mi universidad conocida como «Pompeu Farra». Quizá antes no me gustaba eso de salir de fiesta, ir a discotecas y beber, porque no me gustaba la gente de mi cole. Pero ahora tengo un maravilloso grupo de amistades en la facultad, así que no pierdo nada por probar. Aun así, me cuesta tomar la decisión, no entiendo por qué hay que salir de fiesta tan tarde y hasta tan tarde. Si lo importante es pasarlo bien, pienso, ¿por qué no salimos antes y así por la noche podremos dormir? Pero bueno, lo pruebo de nuevo. Intento pasarlo bien, pero siento que no encajo en ese ambiente. Personas bailando a menos de un metro de mí, bebiendo por diversión, borrachas, chicos que parece que van de caza o de pesca, personas desconocidas compartiendo saliva al minuto de conocerse... Llego a la conclusión de que esa no es mi manera de divertirme. No logro entender dónde está la diversión en todo eso. Me siento mal porque esto es lo que toca a esta edad y a mí no me gusta.

Esa fue la primera y última vez que salí de fiesta en la universidad.

LO QUE PIENSEN DE MÍ

Me puedo engañar a mí misma y decir que no me importa lo que piensen de mí. Pero claro que me importa, aunque sí es cierto que cada vez menos. Ahora bien mentiría si dijera que no quiero caerle bien a la gente cuando me conoce. Mentiría si dijera que cuando llego a casa no se me pasa por la cabeza preguntarme qué habrán pensado de mí.

Oye, qué aburrida eres, ¿no? Diviértete un poco, anda.
No sabes lo que te pierdes.
¿En serio no bebes? Pero ¿por qué?

Siempre me sorprende que me pregunten por qué no bebo cuando me pido agua en algún bar. Incluso alguna vez me han llegado a preguntar si el motivo era por problemas de alcoholismo en la familia. Me parece curioso que hayamos normalizado más la pregunta «¿por qué no bebes?» que «¿por qué bebes?». Nunca me ha apetecido, nunca he sentido la necesidad. Sí he notado la presión, pero nunca la necesidad. No quiero entrar a hablar del grave problema de alcoholismo que hay entre la gente joven (y en la adolescencia), pero es preocupante; solo me hace falta mirar un poco alrededor cuando quedo con grupos de personas de mi edad. Me siento realmente incómoda viendo cómo piden y piden y piden. Y mientras piden y piden y piden, a la que cuestionan es a mí por mi elección de consumir agua.

Lo guay es el consumo abusivo de alcohol y la resaca del día siguiente. Sonará tonto, pero con dieciocho años llegué a creer que al menos una vez en mi vida debía experimentar una resaca. **Creí de verdad que me arrepentiría si no probaba todo eso del alcohol, las borracheras y la resaca del día siguiente. Creí que eso formaba parte de ser joven.**

Debo decir que no me he arrepentido y que he sabido disfrutar de esta etapa de otra manera. Porque no hay solo un modo de vivirla. Porque cada quien disfruta a su propia manera. Pero para llegar a esta conclusión, he tenido que pasarlo bastante mal. **No es que quieras ir en contra de todo el mundo, es solamente que quieres ir a tu favor.**

No te pierdas a ti para encajar con un grupo. No cambies tu manera de ser para parecerte más a los demás. No está mal ser como eres. No estás desaprovechando estos años de tu vida. Desaprovecharlos quizá sería pasártelos haciendo cosas que realmente no te gustan solo para que otras personas te acepten más en su grupo. Y recuerda que lo que alguien piense de ti dice más de esa persona que de ti. Siempre serás la persona más guay del mundo para las personas correctas.

SENTIRSE UN BICHO RARO

«Debe de haber algo malo en mí. Soy rara. Sería más fácil si me gustaran las mismas cosas que a las demás personas. No encajo. Quizá sea aburrida».

¿Te suena este diálogo interno?

El problema no es que no disfrutes saliendo de fiesta o haciendo los planes típicos de la gente de tu edad, el problema es que sientes que deberías disfrutarlos. El problema no es que no encajes, el problema es que eres una pieza de puzle que intenta encajar en un rompecabezas que no es el tuyo.

Aunque parezca que todo el mundo se divierte de la misma manera y llevando a cabo los mismos planes, no es cierto. Muchas personas también se fuerzan por hacer lo que todo el mundo hace para encajar. Porque al final, lo que queremos es encajar. A todos nos gusta ser especiales, pero a la vez terminamos copiando lo que hace el resto. Eso es más sencillo que cuestionarnos y conocernos, es más sencillo que preguntarnos: «Pero a mí, realmente, ¿qué me gusta?».

Quiero decirte algo que a mí en su momento me habría ayudado. Quédate con la frase que más necesites en estos momentos:

- No, no eres raro, solo estás con personas cuyo concepto de diversión es diferente al tuyo.
- No, no tener un grupo de amistades no te hace ser peor persona o disfrutar menos.
- No, no te fuerces a hacer algo que no te gusta solo porque es lo que toca a esa edad.
- No, no te pierdas a ti por culpa de las presiones sociales, no vale la pena.
- No, tener muchas amistades no te hace más guay y tener pocas o no tener ninguna no te hace menos guay.

- No, no son tus amistades si te sientes presionado por hacer algo que realmente no quieres o no te apetece. Si son tus amistades de verdad, te aceptarán y querrán tal como eres.
- No, que «todo el mundo» haga algo no hace ese algo más correcto. No te pierdas a ti para que tu grupo te acepte.

UN VIERNES NOCHE IDEAL PARA ALGUIEN DE VEINTITRÉS AÑOS

Ver una peli.	Salir de fiesta.
Leer un libro.	Quedar con amigos.
Ir a dormir a las diez.	Ir a dormir a las seis de la mañana.

No existe una sola manera de tener veintitrés años.
Está bien todo aquello que a ti te haga bien.
Cuestiona, decide y disfruta.

LA DIFICULTAD DE SOLTAR AMISTADES

EL ARTE DE TENER CADA VEZ MENOS AMISTADES

Es sábado noche. Pero no un sábado noche cualquiera: es fin de año. Hago una cena con mi familia, comemos las doce uvas y, sobre las 12.30 o una de la mañana, me meto en la cama. Debe de ser de los días del año en los que me voy a dormir más tarde. Miro un rato el móvil antes de cerrar los ojos. Veo los posts de la gente subiendo su año resumido en unas cuantas fotos. Sus mejores fotos, por supuesto. Veo las stories de personas con sus amistades, celebrando, de fiesta, aparentemente pasándolo genial. Al día siguiente, 1 de enero, me levanto hacia las nueve de la mañana y empiezo mi jornada deseando conocer algún día a un grupo de personas al que le apetezca ir a dar un paseo por la montaña para comenzar el año con energía.

Estos dos días del año son, sin duda, los días que más soledad siento. Son los días en los que más pienso: «Ojalá tuviera un grupo de amigas a las que les gustara hacer lo mismo que a mí».

A medida que me voy conociendo, más me cuesta encontrar a personas que se alineen conmigo. Más me cuesta encontrar a personas con quienes pueda ser yo misma, que me sumen y me inspiren.

Cada vez tengo menos amistades. Y cada vez me cuesta más encontrarlas.

TENER POCAS AMISTADES NO ES MALO

Hay algo de lo que pocas veces he oído hablar: es muy complicado hacer amistades a tus veinte cuando no te gusta beber ni salir de fiesta. Es como si no supieras dónde encajas exactamente.

Haber experimentado y sentido esto durante tantos años me ha aportado aprendizajes muy positivos. Ya dicen que no hay mal que por bien no venga.

Estas son algunas cosas que he podido aprender gracias a tener pocas amistades. Quizá alguna te suene.

- **He aprendido a pasar tiempo a solas conmigo y convertirme en mi mejor amiga.**

Mientras veía a «todo el mundo» haciendo planes, yo me quedaba en casa. Finalmente, llegó un punto en el que me di cuenta de que podía hacer conmigo lo que haría con otra persona. Así que empecé a montarme planes sola y a aceptar que pasar tiempo conmigo no estaba tan mal como pensaba. Al principio, lo acepto, resulta bastante incómodo, pero, es un proceso. Recuerdo las primeras veces que decidí ir a pasear o merendar sola. Me aburría, cogía el móvil todo el tiempo y solo pensaba en volver a casa. Qué poco a gusto me sentía conmigo. Hasta que fui probándolo más y más, y se convirtió casi en una adicción. Salir a pasear sola por mi barrio o mi ciudad pasó a ser uno de mis planes favoritos.

- **He empezado a ser más selectiva a la hora de dejar entrar a gente en mi vida: no vale cualquiera.**

Cada vez daba más importancia a mi entorno y tomaba más conciencia sobre cuánto podía llegar a afectar en mi vida el entorno que eligiera. Ya no me vale solo la simpatía, quiero sentir que la persona me aporta algo más allá de poder pasar un rato entretenido con ella. Mira tu entorno y observa sus vidas o sus metas. ¿Se parecen a las que tú deseas? ¿Te inspiran a querer lograr tu estilo de vida ideal? ¿Te motivan a seguir creciendo como persona?

- **Me empecé a conocer mejor y ya no me dejaba llevar por las presiones sociales de mi edad.**

Tenía más tiempo para centrarme en mí, para saber lo que quería y lo que no. Dejé de hacer cosas que realmente no quería hacer y aparté las amistades con las que me sentía obligada a hacer algo con lo que no me sentía a gusto.

- **Cuando hago un plan con alguien, es porque realmente me apetece, no porque me aburra y no quiera estar sola.**

Ya no busco personas que ocupen mi tiempo y me *desaburran* cada vez que esté aburrida. Ya no busco personas con quienes tapar la incomodidad que supone estar sola conmigo misma. Ya no quedo con personas porque no tengo nada mejor que hacer hoy. Cuando quedo con alguien es porque verdaderamente deseo pasar un rato de calidad con esa persona, hagamos lo que hagamos. Sé que ese rato me va a aportar, hablemos de lo que hablemos. Quedamos porque nos apetece vernos, no porque no tengamos planes y necesitemos algún entretenimiento.

- **Me doy yo misma lo que necesito en lugar de esperar que otra persona me lo dé.**

Me di cuenta de que la mayoría de las cosas las podía hacer conmigo y no necesitaba a nadie más. Si quieres ir a ese museo, puedes tener una cita contigo e ir sola. Si quieres que alguien te regale flores, puedes hacerlo tú misma. Si quieres salir a merendar a ese sitio tan bonito de tu ciudad que has descubierto por TikTok, puedes hacerlo.

#RETOREADULTEANDO

Crecemos pensando que, para hacer algo y pasarlo bien, necesitamos a alguien más. Para convertirte en tu mejor amigo y dejar de evitar constantemente pasar ratos únicamente contigo, quiero proponerte un reto: **«Cinco días de citas»**.
Aquí te dejo algunas ideas que puedes llevar a cabo.

Ve a desayunar o merendar solo a alguna cafetería de tu barrio.

Apúntate a alguna clase o taller en tu ciudad:
yoga, cerámica, boxeo...

Ve a pasear y pon el móvil en modo avión.

Pon música a todo volumen en tu casa y ponte a bailar.

Ponte algo que te haga sentir bien y ve a cenar a un restaurante.

Aprende a cocinar alguna receta.

Haz una excursión por la montaña.

Ve a alguna floristería y regálate flores
(o algún otro detalle que quieras).

Ve a la playa, siéntate en la arena y escucha el sonido del mar.

Haz sesión de autocuidado:
mascarillas, música, ir a darte un masaje...

LA IMPORTANCIA DE SOLTAR PARA AVANZAR

No todos los amigos son para toda la vida. Nos han enseñado que no hay nada más verdadero que lo que es para toda la vida. Quizá deberíamos priorizar antes la calidad de nuestras relaciones que la cantidad de tiempo que lleguen a durar.

Las amistades vienen y van. Cada una de ellas nos acompaña en un momento diferente de nuestra vida. Vamos cambiando, evolucionamos, y este proceso de transformación, nuestras amistades lo experimentan también. Algunas siguen un tiempo más a nuestro lado y otras se van. Se van sin necesidad de dramas, simplemente, dejan de alinearse contigo.

El problema es convertir un grupo de amistades en nuestra zona de confort. Bueno, no lo llamaría problema, a menos que realmente esa zona de confort te esté afectando de forma negativa o sientas que ya no te suman o inspiran como lo hacían antes, pero sigues quedándote ahí de todas formas.

A veces, decidimos quedarnos con nuestro grupo de amistades porque son «los amigos de toda la vida». Ya no sientes que se alineen contigo como antes, pero «somos amigos de siempre» y «no puedo alejarme de ellos así porque sí». Pero el que sean amistades de hace años no significa que deban seguir siéndolo ahora. Está bien soltar gente si crees que ya no os unen las mismas cosas. Seguir forzando una amistad que antes te aportaba, pero ahora no, cansa. Ir en contra de lo que sientes, forzar algo que antes era pero ahora ya no es agota.

Es normal, incluso bueno, que las amistades cambien a medida que tú cambias. Es normal sentir que cada vez menos gente suma a tu vida y te importa más la calidad que la cantidad. Soltar amistades también es importante para que lleguen otras nuevas.

Piensa en aquello que es importante para ti: ¿Quieres a personas a tu alrededor que te inspiren? ¿Personas que te sumen? ¿Personas que te motiven a seguir creciendo? ¿Personas con quienes puedas hablar de todo lo que te interesa en estos momentos de tu vida? ¿Personas que te apoyen? ¿Personas que te hagan sentir a gusto siempre que estás con ellas?

Rodéate de gente a la que no necesites ponerle una excusa para quedar bien o para que no se enfade. De personas con quienes puedas actuar con honestidad y decir que no te sientes bien o que no te apetece hacer algo sin que se enfaden o te hagan sentir mal o culpable por ello. Rodéate de personas que te hagan sentir en paz con aquello que decidas y apreciarás que eso te quita mucha presión de encima.

De ti depende qué entorno elijas. Sea el que sea, ojalá te sume siempre, Sea el que sea, ojalá sea un lugar seguro para ti.

RED FLAGS EN AMISTADES

Por supuesto —precisamente todo lo que has ido leyendo a lo largo de este libro tiene este denominador común—, esto son aprendizajes que yo he ido adquiriendo a lo largo de mi vida. Siento que compartirlos puede ayudarte a tomar conciencia de algunas cosas. Seguro que tú puedes añadir otras muchas a esta lista con todo aquello que has ido aprendiendo. Escríbelo también:

- Cuando te sucede algo malo, están a tu lado. Pero, cuando te sucede algo bueno, sientes que no se alegran por ti.
- Necesitas poner una excusa cada vez que no te apetece quedar porque, si no, te van a intentar convencer o te harán sentir mal hasta que aceptes.
- No apoyan tus metas y sueños en la vida.
- Te hacen sentir mal o te llaman rara por no querer beber o salir de fiesta.
- Sientes que no puedes ser tú sin que te juzguen.
- No respetan tus límites, como el de la puntualidad, y no les importa que las tengas que esperar siempre veinte minutos.
- En lugar de motivarte a brillar, sientes que necesitan apagar tu brillo para así sentir que ellas brillan más.
- Estás para ellas cuando necesitan tu ayuda, pero ellas no están para ti cuando tú necesitas algo.

REFLEXIÓN SOBRE LA SOLEDAD Y LA FELICIDAD

EL ARTE DE ESTAR SOLA SIN SENTIRTE SOLA

En septiembre de 2021, me fui a Dublín a pasar un fin de semana. Yo llegué un viernes y mi mejor amiga, Paula, que volaba desde París, llegaba el sábado. Durante unas horas iba a estar totalmente sola en un país que pisaba por primera vez. Sentía respeto, no te voy a engañar. Aterricé en el aeropuerto de Dublín y estuve allí esperando dos horas a que llegara el taxi que ya había pagado para que me llevara al apartamento. Nunca llegó, así que decidí pagar otro taxi. Llegué al apartamento y la propietaria no me respondía los mensajes. Llamé a la puerta y nadie respondía. Paseé por un parque cercano y después esperé, con mucho frío, durante más de una hora hasta que finalmente apareció la propietaria. Fui a cenar al único restaurante que había en esa zona, donde me preguntaron: «¿Mesa solo para ti?», y contesté, con vergüenza: «Sí, por favor». Dentro de mi cabeza sentía que todo el mundo en ese restaurante me estaba mirando.

Al día siguiente decidí salir a visitar el centro de Dublín hasta que llegara Paula. Me aburría, no tenía a nadie con quien hablar ni compartir ese rato. Estaba deseando que llegara mi amiga para dejar de estar sola y aburrida, para no tener que recurrir al móvil cada dos por tres y evitar sentir esa incomodidad de estar conmigo misma. Sí, me aburría estar visitando Dublín conmigo misma.

Un momento, corrijo: me aburría estando conmigo misma.

Quiero regalarte dos cartas que he escrito. La primera a algo de lo que siempre he huido; la segunda, a algo que siempre he perseguido.

Carta a la soledad

Qué bonito haberte sentido cada vez que entraba a Instagram y miraba las stories de la gente haciendo planes y divirtiéndose con sus amistades. Qué bonito haberte sentido los fines de semana, cuando no tenía nada que hacer ni nadie con quién quedar. Y qué bonito también haberte sentido incluso estando rodeada de gente. Qué bonito escuchar a mi vecino en el ascensor preguntarme sorprendido por qué me iba a quedar en casa un viernes por la noche. Qué bonito, pienso ahora, que es haberte sentido, pero qué horrible se sintió en su momento.

Poder verte a ti me permitió verme a mí. Me permitió ver esa incomodidad y ese aburrimiento que sentía estando conmigo misma. Me permitió ver que era capaz de cualquier cosa con tal de no pasar cinco minutos a solas conmigo y mis pensamientos. Intenté taparte, parchearte, no sentirte. Pero cuanto más huyes de algo, más rápido corre tras de ti. Tú me lo demostraste.

Me avergonzaba no tener cosas que hacer o personas con las que divertirme. «Estoy en mis veinte, la soledad no debería formar parte de esta etapa», pensaba. Me parece a mí que tienes especial protagonismo durante estos años por culpa de tanto evitarte.

Decidí dejar de evitarte y de evitarme a mí. Decidí pasar tiempo conmigo. Decidí sentir ese aburrimiento de lo socialmente llamado «no hacer nada». Y joder, qué bonito, de verdad. Gracias a haber dejado de huir de ti, te has convertido en una de mis mejores amigas. Suena absurdo, pero ahora te busco cada semana. Incluso un ratito cada día. Gracias a haber dejado de huir de ti, ya no necesito pasar tiempo con personas con el objetivo de entretener-me porque sé que para eso ya estoy yo. Gracias a haber dejado de huir de ti, me he podido conocer y he dejado de caer en presio-nes sociales, ya que no he tenido que demostrar nada a nadie, solamente a mí. Gracias a haber dejado de huir de ti, sé a quién quiero a mi lado y a quién no, y cuido mi energía. Gracias a haber dejado de huir de ti, he empezado a ver lo que valgo, y ya no cual-quiera vale.

Qué bonito, porque no solo mi relación conmigo es más sana, porque adoro pasar tiempo a solas conmigo, sino que mi relación con las demás personas es más sana también, ya no busco que me entretengan cuando me aburro o cuando no tengo nada que hacer.

Quizá eso que pensaba que era tan malo y de lo que tanto huía en realidad no era tan horrible como yo imaginaba. Quizá eso de estar sola no tenga por qué ser un sinónimo de sentirme sola.

Carta a la felicidad

A ratos te siento como esa persona que creo que es mi amiga, pero luego habla mal de mí a mis espaldas. Como esa amiga a la que cuanto más le digo de quedar, más excusas me pone para no hacerlo. No me hace bien estar tan pendiente de ti porque de tanto buscarte a ti termino perdiéndome a mí.

El problema de buscarte fuera es creer que eres algo externo a mí. El problema de buscarte fuera es creer que encontrarte no de-pende de mí, sino de algo que está fuera de mi control. El proble-ma es creer que te encontraré en un viaje, en fiestas o en perso-nas. El problema es creer que eres una meta por alcanzar.

Cuanto más te he buscado, peor me he sentido. Creí que te encontraría en satisfacciones momentáneas, en las que evitando todas aquellas sensaciones que no me gustaban terminaría encon-trándote a ti. No fue el caso.

En un contexto en el que parece que tienes que verte feliz todo el tiempo y se buscan tantas satisfacciones instantáneas, sentir tristeza, enfado o molestia o cualquier cosa que se considere negativa no tiene lugar alguno. Creí que la meta en esta vida era ser feliz, como si la felicidad no fuera también una sensación momentánea, como lo es la tristeza. De tanto buscarte a ti me olvido de que vivir es sentirlo todo, sin ninguna emoción en concreto como meta final. Me olvido de que la felicidad está dentro de mí y, a veces, la percibiré de la misma manera que cualquier otra emoción en mi día a día. Todas habitan en mí.

No, claro que no soy feliz. No soy tú. Si fuera tú no me permitiría ser todo lo demás. Y evitar todo lo demás no me permitiría vivir.

Ahora sé que la meta no es ser tú. De hecho, he cambiado el sentirme feliz por sentirme en paz con cada emoción que siento, sea cual sea. Solo así puedo realmente vivir. Porque vivir significa estar en paz con todo aquello que sientes, no estar feliz siempre.

Así que quizá la meta no sea ser feliz, sino vivir, con todo lo que eso supone.

Quizá eso que pensaba que era tan guay y que tanto perseguía no era tan bonito como yo creía. Quizá eso de buscar constantemente ser feliz me estuviera haciendo un poco infeliz.

#LOQUENOCONTAMOS

Historia #5

Para empezar, siempre había sido el típico niño que tiene gustos diferentes a los demás y que saca buenas notas. Pese a eso, nunca había tenido problemas para socializar. Pasé mi preadolescencia en grupos de amigos en los que no me sentía cómodo por esto precisamente. Llegó la pandemia y me abrió los ojos. Hice nuevos amigos y volví a sentirme mejor. Con todo, tengo que mejorar mi autoestima, mis inseguridades y saber encajar las opiniones de los demás. Por último, está el hecho de que no me gusta nada salir de fiesta y, aunque no me han apartado por eso, noto en los demás la decepción o una sensación de mínimo desprecio hacia mí cuando me lo proponen y les digo que no.

Quim, 18, Lleida

IDEAS QUE DESTACAR DEL RETO #3

- No te arrepentirás en un futuro por no haber salido de fiesta o haberte emborrachado. No puedes arrepentirte de no hacer algo que no te gusta hacer.
- Lo que piensen las demás personas sobre ti dice más de ellas que de ti. Toma las opiniones externas con pinzas.
- Existen muchas maneras de disfrutar de estos años de tu vida; encuentra la tuya propia.
- Disfrutar de tu juventud es hacer lo que a ti te gusta, no lo que toca a esa edad.
- No vales menos por tener pocas amistades: la calidad siempre va por delante de la cantidad.

- Aprovecha para pasar tiempo contigo. No pongas la excusa de que no tienes a nadie con quien hacer planes y empieza a hacerlos contigo.
- Rodéate de personas que te apoyen, te respeten y te sumen. No te quedes con amistades que te están estancando solo porque «son el grupo de toda la vida».
- No eres raro por disfrutar de cosas diferentes de las que otras personas de tu edad disfrutan.
- No fuerces amistades que antes eran pero ya no son. Es normal que, si tu cambias, tu entorno cambie.
- No es lo mismo estar solo que sentirte solo. Una vez que la soledad sea tu amiga, dejarás de sentir aburrimiento e incomodidad cada vez que estés solo.

GUÍA PRÁCTICA PARA SUPERAR EL RETO #3

- **Cinco días de citas conmigo.** Te he dejado ideas en la página 106, en caso de que no sepas qué hacer. Las personas que te rodean vienen y van, pero contigo vas a tener que estar siempre. Aprende a pasar tiempo contigo hasta que te sientas a gusto y te conviertas en tu mejor amigo.

- **Mi entorno ideal.** El entorno importa, mucho. Cuando empiezas a ver lo que vales, te das cuenta de que cualquiera ya no vale. Aquí te dejo unas preguntas para reflexionar, pero ¡puedes hacerte tantas como tú consideres!

  - ¿Cómo me siento con las personas que me rodean?
  - ¿Cómo me gustaría sentirme con las personas de mi entorno?
  - Las personas de mi entorno, ¿siento que me restan, me estancan o me suman?
  - En caso de no tener amistades, ¿cómo sería mi grupo de amistades ideal?

¿Qué busco en la gente? (Pasar un buen rato, inspiración...).

Tu concepto de diversión. Hemos crecido pensando que divertirnos a los veinte significa tener un grupo de amistades, salir de fiesta los fines de semana, volver a casa tarde o emborracharse. Si no hacemos eso, podemos sentir que nos vamos a arrepentir en un futuro. Quiero que sueltes todas esas ideas y empieces a cuestionarte cuál es tu propio concepto de diversión.

- Piensa en cómo sería una noche de viernes o de sábado ideal para ti.
- Piensa en qué es lo que te hace sentir bien a ti.
- Piensa en planes que te parezcan divertidos a ti.

LA VIDA ADULTA Y EL AMOR

DESAPRENDIENDO LO APRENDIDO

MITOS MODERNOS SOBRE EL AMOR SANO

En 2018, hice mis prácticas de la universidad en una pequeña fundación del Raval, en Barcelona. Tengo la teoría de que, quien entra por esa puerta con pareja, sale sin ella. Yo fui un buen ejemplo de ello. Trabajé en un proyecto sobre relaciones sanas, así que pude aprender muchísimo casi sin darme cuenta. De todas maneras, siempre pienso que los mayores aprendizajes se adquieren a través de nuestras propias experiencias. No tomé consciencia de mi relación de pareja prefundación. No traté de aprender sobre mí en ningún momento. No cuestioné qué quería y qué no, ni tampoco cómo quería que fuera mi relación. Eso sí, finalmente me ayudó a saber qué es lo que no quería.

La relación posfundación no tuvo nada que ver. Te deja de importar cuántos años vayas a estar con esa persona (claro que sientes que quieres estar toda la vida con ella) y te empieza a importar cómo de bien te sientes a su lado durante esos años. Quiero compartir contigo todo lo que he aprendido hasta el día de hoy porque los nuevos mitos sobre el amor sano no siempre me han hecho bien. Puede que te hayas sentido como yo en algún momento.

MITO MODERNO #1:
«HAY QUE DISFRUTAR DE LA SOLTERÍA ANTES DE VOLVER A TENER PAREJA»

Aquí tienes otra frase similar a esta que solemos escuchar: «Aún eres joven, aprovecha para experimentar con otras personas». Vamos a analizar lo que nos dice.

En primer lugar, se tiene la imagen de que estando soltera eres una persona libre que hace lo que quiere, cuando quiere, con quien quiere. En cambio, estar en pareja es atarse y dejar de poder hacer lo que quieres. Una relación romántica no es una cárcel y, si se siente así, quizá no está siendo sana del todo.

En segundo lugar, las relaciones de pareja también están para disfrutarlas. Suena lógico, ¿no?

En tercer lugar, debemos cuestionar lo que significa para cada persona «disfrutar de la soltería», ya que para todo el mundo no es lo mismo. Puede que para ti sea experimentar, conocer a muchos chicos y chicas, tener relaciones casuales... Y está bien. Pero puede que no sea esto lo que se nos ha podido vender, sino que sea pasar tiempo contigo, querer conocerte más, dedicar tiempo a tus amistades. Tal vez no te interese para nada conocer a nadie en este momento, y también está bien. Porque disfrutar de tu soltería no es sinónimo de tener «casi algos» todo el tiempo ni de tener relaciones sexuales con distintas personas. **No existe una única manera de vivir tu soltería, de igual modo que no existe una única manera de vivir tus relaciones.**

No tienes que arrepentirte de algo solo porque otra persona con una forma diferente de vivir su vida te lo haya dicho. Lo importante es que, estés en la situación que estés, disfrutes como tú hayas decidido vivir tu vida amorosa en estos momentos. Disfruta de la soltería. Disfruta de tu relación. Disfruta, sea cual sea tu caso, a tu propia manera.

MITO MODERNO #2:
«SI NO TE QUIERES, NADIE TE VA A QUERER»

Este mito puede ser incluso peligroso porque significa que solo mereces que te amen cuando tú realmente te amas.

Claro que te van a poder querer, solo que te va a costar más creértelo. El problema está en irnos a los extremos: «O me quiero, o no me quiero». Cuando empiezas a trabajar en tu autoestima y tu amor propio, te das cuenta de que todo es un proceso con sus altibajos.

Pongamos que ayer me sentía genial. Me levanté, fui a hacer yoga, me duché, comí sano, supe decir «no» cuando me propusieron un plan que no quería hacer, salí a pasear un rato y medité un poco antes de ir a dormir.

Hoy, en cambio, me siento como una mierda. He dormido poco y no puedo ni mirarme al espejo sin insultarme: «Vaya cara, así no sales hoy». Además, mi pareja ayer salió de fiesta y me he muerto de celos cuando me ha dicho que intentaron ligar con él. Me lo he callado, la verdad. Me he puesto a ver películas en Netflix toda la tarde, he cenado y he ido a dormir.

Nadie aprende de un día para otro. Nadie se quiere de un día para otro. Habrá días en los que notarás una mejora y otros días sentirás que has vuelto hacia atrás, aunque eso no sea posible. Forma parte del proceso. Y mereces a alguien que te sepa querer en cada etapa del proceso.

MITO MODERNO #3:
«SI OS QUERÉIS, ESO ES LO ÚNICO QUE IMPORTA»

Una frase similar sería: «El amor puede con todo».

Quizá te suenen las siguientes afirmaciones:

- «Yo sé que lo hace porque me quiere».

- «No me gusta que haga esto, pero yo lo quiero mucho».
- «Al final, lo importante no son las peleas, sino lo mucho que nos queremos».

El amor no es ni será nunca suficiente para que una relación pueda funcionar. Es uno de los ingredientes, pero hay muchos más. El amor no puede excusar nunca actitudes y comportamientos tóxicos, tampoco las peleas y las faltas de respeto cuando os enfadáis. El amor no lo puede todo y no tiene que ser nunca la única razón por la que continúes con alguien con quien sabes que no estás bien. A veces, te tocará aprender a soltar a personas que quieres muchísimo, pero que no te hacen bien. Y eso es uno de los actos más bonitos de amor que podrás dedicarte a ti.

MITO MODERNO #4:
«UNA RELACIÓN ABIERTA ES MÁS SANA QUE UNA CERRADA»

En el próximo apartado cuestionaremos todo aquello que la sociedad considera sano o tóxico. Pero antes, me gustaría terminar este capítulo con este mito moderno.

Personalmente, considero que está superbién que cada vez vayan surgiendo y vayan siendo aceptadas más maneras de vivir el amor y las relaciones. Nos permite cuestionar más qué es lo que queremos cuando no existe solo un único modelo. El problema viene cuando empezamos a considerar más sanas unas formas que otras. Puedes sentirte genial en una relación cerrada y fatal en una abierta o poliamorosa. O al revés.

Conócete. Si alguien te propone una relación abierta y tú realmente sabes que no te hará bien, di que no. Conozco a más de una persona que ha aceptado participar en relaciones abiertas cuando realmente no quería. Y si alguien quiere una relación cerrada, pero tú no, sé honesto contigo y con esa otra persona.

Lo que importa no es la clase de relación, sino que tú te sientas a gusto en ella. **Sano no es elegir un tipo de relación u otro, sano es escucharte y comunicar lo que te hace bien en cada momento. Sano es hablar con esa persona sobre la relación que buscáis y ver si os encontráis en puntos similares.**

REDEFINIENDO LO SANO

LA CARA B DE LAS RELACIONES SANAS

¿Es compatible una relación sana con la toxicidad? Vamos a verlo.

HUIR DE LO TÓXICO NO ES SANO

Recuerdo que, cuando comencé mi relación con Miquel, mi pareja actual, yo quise ser la persona más sana del mundo. Claro que para ello tuve que dejar de escucharme a mí y de tener en cuenta mis necesidades. «Yo tengo que ser sana, si no, no me querrá», pensaba.

Dios mío, cuánto daño me estaba haciendo mi planteamiento. Llega un momento en el que agota tener que pensar constantemente en ser buena y sana para tu pareja porque, de hecho, terminas descuidándote a ti.

Aquí tienes una lista de todo lo que pasaba por mi mente:

- Sentir celos es tóxico, así que me lo callaré para que no piense que soy la típica tóxica celosa. Lo sano es no sentir celos.

- Seguro que quiere salir con una persona segura, así que ocultaré mis inseguridades.
- Fingiré que no tengo miedo a perderlo porque eso es tóxico y le diré que me da igual lo que haga con otras personas.
- No le diré lo que estoy sintiendo porque me parece un poco tóxico por mi parte.
- No le diré que me gusta que me hablen durante el día por WhatsApp para que no piense que soy super-*needy*.

Querer ir «de sana» ha resultado ser tóxico para mí. Puede ser que te suene lo que te estoy diciendo. Al fin y al cabo:

- Lo tóxico no es sentir celos, sino machacarte y juzgarte por tener ese sentimiento.
- Lo tóxico no es ser una persona insegura, sino aparentar ser alguien que no eres para así gustar más.
- Lo tóxico no es tener miedo de perder a alguien que quieres, sino dejar de tener en cuenta tus necesidades e invalidar tus sentimientos.
- Lo tóxico no es sentir lo que sea que sientas, sino callártelo para que no piensen nada malo de ti.
- Lo tóxico no es que quieras hablar por WhatsApp, sino no comunicar lo que quieres y te gusta a ti en tu relación.

Intentar ser una persona sana a toda hora y en todo momento va a significar machacarme a mí cada vez que no lo sea. Y es que, **el primer paso para construir una relación sana es aceptar que a veces voy a tener actitudes tóxicas.**

Todas las personas de mi alrededor parecían ser supersanas, al igual que en las redes sociales. Qué presión sentía por tener que ser sana. Quizá lo primero que debemos dejar de hacer es llamar tóxico a todo aquello que no nos gusta. Al llamarlo tóxico, lo estamos tachando de negativo y, cuando algo se ve como negativo, puede terminar convirtiéndose en tabú. Terminamos negándonoslo, no lo aceptamos y, como consecuencia, se vuelve más difícil transformarlo.

Eres un ser humano. Estás aprendiendo. Estás sanando. Y mientras sanes, no siempre sabrás ser una persona sana. Vas a tener actitudes tóxicas que te permitirán seguir aprendiendo sobre ti. Y no, no necesitas haber sanado para disfrutar de una relación sana, ya que esto es un proceso que dura toda la vida. Lo que necesitas es mostrar disposición a aprender en cada paso de tu camino. Y no todas las personas están dispuestas a ello, claro.

¿Sabes qué es lo curioso? Que cuando acepté que tenía actitudes tóxicas que estaba dispuesta a seguir trabajando, Miquel no me dejó. Me costó entender por qué no me dejaba. Pensaba que lo que quería era tener una novia guay, sana y desapegada. Entonces, ahora que ha visto que no lo soy, ¿por qué sigue conmigo? Sigue conmigo porque ahora me acepto más y me escucho más a mí misma, soy más yo. Y eso es lo sano: escucharme, cuestionar lo que quiero, tener en cuenta mis emociones y no invalidarlas nunca. Sano es abrazar quien soy y no intentar ser alguien que no soy. Y joder, eso pone, y mucho. No alguien que trata de ir de sano, sino alguien que sabe observar aquellas actitudes que no le gustan y quiere trabajarlas.

SENTIR CELOS NO ES TÓXICO

¿NO? ¿CÓMO QUE NO ES TÓXICO? ¡CLARO QUE SÍ!

Decir: «No soy una persona nada celosa» se ha puesto de moda para comunicar que no eres una persona tóxica, sino sana. Admito que en su momento yo lo dije. Ese momento en el que yo, Judit, quería ser la novia más guay, sana y espectacular del mundo.

Con mi anterior pareja nunca había sentido celos, así que, técnicamente, no estaba mintiendo. El problema llegó con la relación con Miquel. Le hice la pregunta esa que todas hacemos sabiendo que no queremos conocer la respuesta: «¿Con cuántas chicas has estado antes de mí?». Claro, teniendo en cuenta que yo solo había estado con un chico (y no había hecho nunca nada con ninguna otra persona aparte de él), cualquier respuesta que él me diera me iba a parecer una barbaridad. Pensar en Miquel estando con otras chicas me ponía celosa. Y pensar en alguna chica intentando ligar con él me ponía celosa también. Bueno, y pensar en Miquel conociendo a chicas nuevas también me ponía celosa. En fin, ahora tenía que relacionarme con esa emoción que yo sentía que me convertía en la persona más tóxica del universo.

Recuerdo decirle: «Me siento un poco celosa». No sé por qué creía que él pensaría lo mismo que yo: «Qué tía tan tóxica». En lugar de eso, me dijo: «¿Qué te pone celosa? No pasa nada porque sientas celos, está bien que me lo digas y lo hablemos». Claro, en ese momento flipé: «¿En serio no me va a dejar?, ¿de verdad que no le parezco tóxica?, ¿en serio no me está juzgando?».

Aquí aprendí una lección valiosa: sentir no me hace una persona tóxica, sino humana. Pensar que una emoción es negativa me lleva a bloquearla o a juzgarme por ella. Lo que me define no es esa emoción, sino lo que yo hago con ella.

Los celos no son algo anormal y tóxico. Es el miedo de que tu pareja elija a otra persona antes que a ti. No te definen, no son parte de tu personalidad. Es una emoción que probablemente vayas a experimentar en algún momento de tu vida. No hagas como hice yo y te castigues por sentirlos. Aprende de ellos. A veces los sabrás gestionar mejor y otras veces peor, pero no se es más sano por no sentir una emoción ni más tóxico por sentirla. Sano es sentirla y aprender de ella porque te está queriendo decir algo sobre ti. Si decides no escucharla, se volverá en contra de ti cada vez con más fuerza.

LA PRESIÓN POR TENER PAREJA

OBLIGACIONES, COMPARACIONES Y SEXUALIDAD

Cuando eres adolescente, experimentas tus primeros *crushes* y ya hay personas en tu clase que empiezan a tener pareja y relaciones sexuales. Sinceramente, a los dieciséis ni se me pasaba por la cabeza eso de acostarme con alguien. Pero tener pareja sí que me apetecía un poco, no te voy a engañar.

A los diecisiete sentía ya muchas ganas de estar con alguien, aunque todos mis *crushes* me ignoraban o me rechazaban. Recuerdo que uno incluso se inventó que estaba saliendo con una chica, me dijo cómo se llamaba y todo. Horas más tarde, me enteré de que ese era el nombre de una actriz porno. Vaya manera de darme largas, pero bueno, cero rencor, lo prometo. En fin, así estaba mi situación sentimental con diecisiete años.

Claro, eso hizo que el primer chico que se interesara por mí terminara siendo mi novio. Me tuve que convencer de que me gustaba, tuve que ignorar un millón de *red flags*, pero, ahí estaba yo, por fin con pareja.

El problema de que sintiera tanta presión por tener novio conllevaba que era más fácil que me conformara con alguien que no me hiciera bien. No me quería quedar atrás y, para ello, terminé aceptando cosas que quizá en otra situación no toleraría. Dejé de ser una persona selectiva, pero, al menos, ya no me sentía inferior al resto por no tener pareja.

Veamos algunas de las frases que es posible que hayas escuchado alguna vez.

PRISAS Y PRESIONES A LA HORA DE TENER RELACIONES

«Y EL NOVIO, ¿PARA CUÁNDO?»

Llega una edad en la que las personas de tu alrededor ya empiezan a tener pareja estable, a independizarse... y, después, estás tú. Las comidas familiares pueden ser horribles cuando llegan preguntas como estas:

- «¿Tienes pareja?».
- «Y el novio, ¿para cuándo?».
- «Con lo guapa que eres, podrías tener novio si quisieras»...

Te comparas, por supuesto que te comparas. Aquí existe una creencia: en pareja estaré mejor que sola. Si mis amistades tienen pareja y se están independizando, están avanzando más rápido que yo, y eso significa que se deben sentir mejor. ¿Sí, es cierto eso? **Es importante dejar de idealizar las relaciones, quizá te sientas mucho más feliz tú en tu día a día que alguien que mantiene una relación.** La felicidad no te la da tener pareja. ¿Cuántas parejas infelices conoces? ¿De cuántas amistades sabes que no están a gusto en su relación?

Si ha de llegar alguien, llegará. Y, en el proceso, no te olvides de cuidar siempre tu relación contigo.

«¿SOLO HAS TENIDO SEXO CON UNA PERSONA? NO SABES LO QUE TE PIERDES»

Un día, una chica me abrió por DM en Instagram y me dijo: «Tenía una pareja maravillosa, pero todo el mundo me decía que me estaba perdiendo muchas cosas, así que corté con él y le dije que quería conocer a otros chicos. Con el tiempo, me he dado cuenta de que no quiero eso, de que realmente no me estaba perdiendo nada, sino todo lo contrario, estaba en una relación sana y feliz». Me sentí muy identificada con ella, de hecho, me sucedió algo similar. Aunque, si esa chica no llega a romper esa relación, no habría podido comprobar por ella misma lo que realmente quería.

No eres peor por querer establecer un vínculo con alguien antes de ir a la cama con esa persona. No te estás perdiendo nada por querer mantener relaciones solamente con una persona. No debes forzarte a hacer algo con lo que realmente no te sientes cómoda. Es tu vida sexual. Descubre lo que te hace bien a ti. No te pierdes nada por no vivir tu vida de una manera que a ti no te gusta, digan lo que digan y hagan lo que hagan las personas de tu entorno.

«Y LA BODA, ¿PARA CUÁNDO?»

Da la sensación de que las relaciones, para que funcionen, deben seguir una serie de pasos, si no, ¿qué sentido tienen? Así que, en primer lugar, emparejarse, después, independizarse y casarse, y, por último, tener hijos. Esto es lo que se nos ha vendido.

La relación avanzará no a medida que se sigan todos los pasos establecidos, sino a medida que vayáis construyendo entre ambos una relación bonita en la que os sintáis bien. Una casa, un matrimonio o un hijo no son los pilares para construir una relación sana y duradera.

No tiene nada de malo, por supuesto, querer todo eso con tu pareja, pero, antes de tomar cualquier decisión importante, es útil cuestionar para qué buscamos dar siempre un siguiente paso.

Así que me gustaría que te quedaras con estos mensajes:

- No tener pareja no te hace inferior al resto.
- Tener tu primera pareja a los veinticinco o a los treinta o a la edad que sea tampoco te hace inferior al resto.
- Tener tu primera relación sexual a los veintitrés o a la edad que sea no te hace inferior al resto.
- Ser la única persona de tu grupo de amistades que no tiene pareja no te hace inferior al resto.
- Haber tenido relaciones sexuales solo con una o dos personas en tu vida no te hace inferior al resto.

No permitas que nadie te haga sentir inferior por vivir tu vida a tu ritmo y a tu manera. **Ojalá tus ganas de ser tú sean siempre más fuertes que las presiones de la sociedad.**

UNA GUÍA PARA DISFRUTAR MÁS DE TU VIDA SEXUAL

El sexo es importante para la mayoría de las personas, sí. Pero no hemos aprendido mucho al respecto, ya que la pornografía y lo que te cuentan tus amistades han sido tus grandes maestros. Tenemos muchas piedras en la mochila en relación con el sexo que también debemos ir soltando poco a poco. Párate en cada frase que leas a continuación, cuestiónala y subraya las que más te suenen para recordártelas siempre que lo necesites:

1. Que tu amigo ligue más que tú no te hace a ti ser menos. Tu valor no depende de la aprobación externa que recibas.

2. Cuidar tu cuerpo no es solo cuidar tu alimentación y hacer ejercicio físico. Cuidar tu cuerpo es también cuidar con quién decides acostarte. El sexo es un intercambio de energías; protege la tuya.

3. No eres raro por querer esperar a alguien especial. Que tus amistades tengan mucho sexo y tú no no las hace mejor a ellas y peor a ti.

4. Que sea tu pareja no significa que tenga pase libre para tener sexo contigo siempre que quiera. No aceptes solo porque ves a tu pareja con muchísimas ganas y te sientes en la obligación de satisfacer sus necesidades sexuales. Si no estás de humor, no te fuerces.

5. La calidad de tus relaciones sexuales no viene determinada por la cantidad de veces que tienes sexo a la semana. Más veces no siempre significa mejor.

6. No hagas nada con lo que no te sientas cómodo. Transmítele a la otra persona lo que te gusta y lo que no, no te obligues a nada que no quieras, por mucho que te diga que lo disfrutaría muchísimo.

7. Como chica, tu salud está por encima del placer del chico. Que disfrute más sin condón no es motivo para poner en peligro tu salud. No hagas nada que pueda ser negativo para ti por miedo a que la otra persona te deje.

8. Si tu cuerpo te dice que no o te duele, no fuerces. A veces, el cuerpo se tensa y no te relajas. No hagas nada que pueda hacerte daño.

LA VIDA NO TERMINA A LOS TREINTA

MIEDOS, EXIGENCIAS Y APRENDIZAJES

Tienes doce años. Alguien pone un tablero sobre la mesa y te empieza a explicar las normas del juego. Al principio, no las entiendes demasiado, pero, a medida que vas jugando, vas mejorando y aprendiendo.

La vida no es algo tan distinto. A veces, se me olvida que estamos aquí para disfrutar de este juego que es la vida y también para no dejar nunca de aprender e irnos superando cada día. Además, quizá no nos la deberíamos tomar tan en serio cuando todas las personas la terminamos de la misma manera. Sí, suena cruel, pero me refiero justo a eso que acabas de pensar.

Qué autoexigente puedo llegar a ser en mi búsqueda de la perfección cuando sé perfectamente que, como persona, no soy perfecta (aunque sí a mi propia manera, claro). Que voy a tropezar mil y una veces con la misma piedra hasta que, por fin, entienda qué es eso que debo aprender. Que voy a cometer errores, voy a hacerme daño y voy a criticarme unas cuantas veces a lo largo de mi vida (o de mi día).

Te explico todo esto porque, antes de que leas lo que viene a continuación, quiero que te perdones un poquito más y tengas un poco más de compasión contigo. Estás aprendiendo, estás constantemente enseñándole a jugar a esa niña de doce años, así que es normal que no le salga siempre todo bien.

Todo eso por lo que te has podido machacar hasta el día de hoy, todo eso de lo que quiero hablar en este capítulo, todo eso está bien. En ocasiones debes pasar por situaciones que no te van a gustar demasiado. Pero recuerda que estás aprendiendo. Y no hay mayor aprendizaje que mirar atrás y saber que ahora harías las cosas de manera distinta. Y es que estás en constante evolución.

EL MIEDO A SOLTAR Y NO ENCONTRAR A NADIE MÁS

«Amiga, date cuenta», «Amiga, sal de ahí»... Seguro que has escuchado o dicho estas frases alguna vez. Observas esa relación de tu amiga y no entiendes por qué siguen juntos si no se hacen nada bien el uno al otro.

Cuando lo ves desde fuera, suena sencillo. Cuando eres tú la persona que está dentro de esa relación, la cosa cambia.

Hace un tiempo descubrí algo que me cambió la vida y la manera en la que empecé a tomar decisiones.

Las personas, o son un «sí», o son un «no».
Y ese «sí» o ese «no» no nos los dice la mente en un intento de justificar de forma racional las razones por las que estar con una persona. Van mucho más allá, son una sensación interior que podemos aceptar o ignorar.

Puede ser que sepas que esa persona con la que estás es un «no» por mucho que cada día intentes justificar que «la relación también tiene sus momentos bonitos». Sabes que te hace daño, que hay cosas que no deberías estar aceptando, que algo dentro de ti te dice que esa persona no es la persona. Lo sabes y, aun así, sigues adelante. Sigues deseando que algo pueda cambiar.

No te juzgo, a mí me pasó igual. Hay algo que te engancha: quizá sea la rutina o la esperanza de que cambie. Pero qué difícil pensar en una vida sin esa persona, incluso creer que no vas a saber salir adelante o encontrar a alguien mejor.

No hay mayor acto de valentía que aceptar que esa persona no es para ti. Soltar. Soltar con miedo, por supuesto. Pero hay una parte liberadora en ese momento. Que duela no significa que no estés tomando la decisión correcta. A veces, decir «no» a alguien es decirte «sí» a ti. Pero esta decisión se complica un poco más a medida que vas avanzando en edad. Y ya no me refiero ni a soltar con cincuenta, sino después de los veinticinco.

Con veinte años se siente como si la vida fuera a terminar a los treinta. Prefieres estar mal antes que soltar todo aquello que te da cierta sensación de seguridad. Pero una relación no está para aguantarla, sino para disfrutarla. Una relación no está para ignorar tus necesidades y sentimientos para así poder seguir con esa persona. Una relación no está para conformarte ni para rogar. **Ojalá tus ganas de sentir seguridad nunca superen tus ganas de sentirte bien contigo.**

LOS «PARA TODA LA VIDA»

Quizá a alguien le suene raro, pero siempre le digo a Miquel, mi pareja, que no puedo prometerle un «para toda la vida». Que lo único que puedo decirle es: «Hoy siento que te quiero para toda la vida».

Con veintidós años, me daba miedo dejar a mi expareja por si no encontraba a nadie más. Veintidós años solo, y ya agarrándome a «lo seguro» aunque no me hiciera sentir bien. Con veintitrés años me daba miedo que no me renovaran el contrato de trabajo por temor a no encontrar otra manera de ganar dinero. Veintitrés años solo, y ya agarrándome a «lo seguro» y conocido.

Suerte que dejé a mi expareja y que llegó el COVID-19 para quedarme sin trabajo.

Tengo veintiséis años, me quedan tantísimas cosas por descubrir. No es momento de agarrarme a barandillas seguras, es momento de saltar.

Pensaba que mis veinte eran para resolver mi vida, pero resulta que son para descubrirme y conocerme. Qué manía eso de atarme a lo conocido por miedo a no poder con lo desconocido. No me gustan los «para toda la vida» en ningún sentido. Me gustan los «hoy sí, mañana ya descubriré si sí también o no». No me gustan los «para toda la vida» porque siento que esa frase solo la diría desde el miedo y desde el intentar tener el futuro controlado para sentir tranquilidad en el presente.

Me gusta dejarme sorprender por la vida, sabiendo que lo que hoy es un sí otro día puede ser un no. Y me gusta aprender poco a poco a estar más en calma con el hecho de no saber ni intentar controlar el futuro. Me gusta aprender que no se trata de resolver todos tus «para toda la vida», sino de estar en paz con lo que tengo en estos momentos y disfrutarlo sabiendo que no tiene por qué ser para siempre, pero que sí es para ahora. Y con eso basta.

PARA MI YO DE DIECIOCHO, DEBERÍAS SABER QUE...

Para poder construir una relación sana (sí, construir, ya que una relación sana no se encuentra por arte de magia), es importante tomar responsabilidad sobre uno mismo. Cómo se comporte la otra persona no puedes controlarlo, pero sí lo que haces tú al respecto. Veamos todo aquello que siento que a nadie le gusta escuchar, pero a la vez es necesario para poder construir una relación sana.

Para mí, para ti que estás leyendo esto y para todo aquel que lo necesite, hay algo que deberías saber:

QUE LA PERSONA QUE ESTÁS CONOCIENDO TE TRATE BIEN NO LA HACE ESPECIAL, ES LO MÍNIMO QUE PUEDES PEDIR DE UN SER HUMANO

Recuerdo que a la mínima que alguien me prestaba un poco de atención, ya lo idealizaba. Bajé el listón para poder tener pareja. Me conformé a la mínima que alguien se interesó por mí. Gusta gustar, sin duda. Pero me conformé con la excusa de que «me trata bien». Me conformé pensando que era una persona especial solo porque me escuchaba, me daba los buenos días y las buenas noches, quería verme, me llamaba y comunicaba sus sentimientos.

TU PAREJA ES ASÍ, AHORA Y DURANTE TODA LA RELACIÓN, NO IDEALICES SUS FUTURAS VERSIONES

Conocí a alguien. Estuve cuatro años saliendo con esa persona. Estuve cuatro años esperando que cambiara ciertas actitudes, cuatro años con la expectativa de que nuestra relación mejoraría. No sé por qué me sorprendió cuando vi que, por mucho que esperara, no cambiaba nada. Al menos, pude aprender que no estoy saliendo con la idea de cómo esa persona puede llegar a ser en el futuro, sino que estoy saliendo con la persona que es ahora. Está claro que ambos iremos evolucionando a lo largo de los años, pero ahora sé que, cuando escoja, debo hacerlo teniendo en cuenta cómo es hoy la persona. Porque, cómo será, eso nadie puede saberlo. Y una relación no puede sostenerse sobre una idea que tienes de cómo puede llegar a ser alguien en el futuro.

LA FASE DE LA RELACIÓN EN LA QUE «TE PELEAS POR TODO» CON TU PAREJA NO EXISTE Y NO ES NORMAL

Suerte que dejé de normalizar las peleas en una relación. Suerte que dejé de creerme todos esos discursos que me decían que las peleas forman parte de cualquier relación. Suerte que dejé de creerme que era normal eso de decir: «La fase en la que te peleas por todo es normal» o «Es que cuando estamos bien, estamos muy bien».

Cada discusión que he tenido con mi actual pareja ha sido hasta bonita porque nos ha permitido conocernos más el uno al otro. Cada discusión ha sido desde el amor y la comprensión, como el equipo que somos. Ha sido desde el querer mejorar, querer conocernos un poquito más y seguir aprendiendo el uno del otro.

Suerte que dejé mi primera relación a pesar del miedo de no encontrar nada ni nadie mejor. Suerte de eso porque ahora sé que merezco una relación así de bonita. Donde las peleas no se normalizan, ni nos atacamos verbalmente, ni se nos ocurriría jamás en la vida faltarnos al respeto o manipularnos emocionalmente. Y yo, que hace cuatro años creía imposible una relación así, cada día me recuerdo que merezco que me quieran así de bonito. No sabía ni cómo era eso de sentirse tan querida por alguien de manera tan sana, consciente y bonita.

Suerte que no normalicé las peleas y empecé a vivir mi relación desde un lugar que no sabía ni que existía.

SI TU PAREJA TE QUIERE PONER LOS CUERNOS, LO HARÁ, SE LO PROHÍBAS TÚ O NO

Existe la creencia de que, cuanto más controles a tu pareja, menos probabilidades habrá de que te ponga los cuernos. Al final, esto termina generando un efecto contrario: cuanto más prohíbes algo a alguien, más ganas tiene de hacerlo. Podemos ser un poco como niños pequeños ante un gran cartel de «No tocar».

Nunca podrás tener la seguridad de que no te pongan los cuernos, es algo que está fuera de tu control. Tu objetivo no debe ser controlar a tu pareja todo el tiempo para que no lo haga, sino quererte lo suficiente como para saber que, si sucede, serás capaz de sostenerte y salir adelante.

CÓMO TE TRATA ALGUIEN ES MÁS IMPORTANTE QUE CUÁNTO TE GUSTA

Ojalá haber sabido esto antes. El amor no lo puede todo. Lo que me hizo seguir en mi primera relación fue enfocarme en lo enamorada que estaba de esa persona y olvidarme de cómo me estaba tratando.

Cómo te trata importa, y mucho. Por mucho que sientas que te encanta, nunca ignores cómo te hace sentir en el día a día. Por mucho que cuando quedéis estéis genial, no ignores cómo te hace sentir cuando estáis separados.

Repito: cómo te trata esa persona es más importante que cuánto te gusta.

SI ALGUIEN TE IGNORA NO ES PARA QUE LE VAYAS DETRÁS, SINO PARA QUE LO DEJES EN PAZ

Esto puede causar controversia, ya que una de las famosas tácticas de seducción que nos explican los gurús del amor es que, si quieres que alguien te haga caso, debes ignorarlo, tardar en contestar sus mensajes, etc.

Creo que llega un punto en el que tenemos cosas mejores que hacer en nuestra vida que jugar con alguien para que así nos haga caso. Si alguien no muestra interés por ti, respétate y vete, porque mereces algo mejor. Y si no te gusta que jueguen contigo y con tus emociones, no juegues tú tampoco con las emociones de las demás personas.

Mereces a alguien con quien no tengas que preocuparte por si contestas sus mensajes demasiado rápido. Mereces a alguien que no pretenda generarte adicción con su refuerzo intermitente (ahora te hablo, me intereso mucho por ti y te hago creer que me encantas, ahora paso una semana sin decirte nada). Mereces a alguien que te deje claro si le gustas y lo que quiere contigo, no que jueguen contigo y tus sentimientos. Mereces a alguien que no te vea como un juego o un premio que obtener.

LAS RELACIONES DE USAR Y TIRAR

LOS CONTRATOS DE PAREJA Y LA ERA TINDER

No sabía si escribir o no este apartado. Al final, me he decidido a hacerlo porque creo que puede ayudar a muchas personas como yo. Espero que seas una de ellas. No te engañaré, me da miedo escribir esto y sigo teniendo un poco de pánico a la crítica, pero sé que hay personas a las que les va a ayudar leer estas líneas. A veces, lo único que necesitamos es saber que hay más personas como nosotros. Así que ojalá este capítulo te haga sentir menos solo.

LOS CONTRATOS DE PAREJA

Uno de los errores que se puede cometer es entrar en una relación dando por hecho el contrato que ambos queréis suscribir. No, no me refiero a hablar de si queréis una relación abierta, cerrada o poliamorosa (aunque también, por supuesto). Pero cada contrato es único y jamás hay que darlo por sentado.

El siguiente error sería creer que ese contrato no varía a lo largo del tiempo. Nuestras necesidades pueden ir variando y es necesario tener estas conversaciones con la pareja.

El problema es que, si no te conoces lo suficiente, no tendrás ni idea de qué es lo que tú quieres y puede ser incluso que te adaptes a las necesidades de la otra persona.

LISTA DE COSAS QUE TIENES QUE PREGUNTAR A TU PAREJA (O FUTURA PAREJA)

- ¿Qué límites quieres establecer en tu relación, qué estás dispuesto a aceptar y qué no en estos momentos?
- ¿Qué significa para ti en estos momentos «poner los cuernos»? Y, en caso de tener pareja, ¿qué significa para ella? Discutidlo entre ambos.
- ¿Cuál es el significado de fidelidad en estos momentos para ti?

Es probable que tus respuestas varíen a lo largo del tiempo. También las de la otra persona o personas. Habladlo, no deis nunca nada por sentado, no supongáis nada. Cada relación es un mundo. Construye tú una en la que no se ignoren tus necesidades y se respeten tus propios límites.

LA ERA TINDER

Siempre me ha gustado observar el comportamiento de las personas y el mío propio para cuestionarlo, hacerme preguntas. Y hay algo que, sin duda, ha cambiado mucho estos últimos años en nuestra sociedad: la manera en la que vivimos nuestra sexualidad y nuestras relaciones. Vamos a analizar la situación.

Venimos de una visión religiosa en la que el sexo se percibía como algo negativo, sucio, impuro, donde incluso debías sentir un poco de culpa. Ha sido así durante muchos, muchísimos años. Hasta se inventó el concepto de «perder la virginidad», y el sexo se centraba en el coito. Se creyó que había que conservar la virginidad hasta cierta edad (mejor dicho, hasta el matrimonio) y esperar a la persona especial, aquella con la que habías de pasar toda tu vida hasta que la muerte os separara.

Me alegro de que hayamos cuestionado esta visión; no nos hacía demasiado bien.

En los últimos años nos hemos ido al extremo opuesto. En esta visión más moderna, el sexo pierde totalmente su valor y su importancia, y predominan las relaciones casuales, los llamados «líos». No hay ningún tipo de culpa ni se percibe como algo impuro o negativo, por suerte, y es algo que haces con cualquiera para sentir un poco de gratificación instantánea. Hay que perder la virginidad rápidamente (a través del coito, por supuesto, si no, no se considera sexo, pese a que todo lo demás también forme parte de la práctica sexual). Si a los dieciocho todavía no has tenido sexo con alguien, sientes que te estás quedando atrás. Da igual si ese alguien es una persona que acabas de conocer en una fiesta.

Como sociedad, tendemos siempre a ir de un extremo a otro. En ningún momento voy a hablar de «bien» o «mal», pero lo que sí voy a decir es que los extremos jamás son buenos y debemos cuestionarlos siempre para que encontremos nuestro equilibrio o, como a mí me gusta decirlo, nuestro propio tono de gris.

Como sobre la visión religiosa ya se ha debatido lo suficiente en los últimos años y hemos visto que presenta bastantes aspectos negativos, no me pararé a hablar de ella. La segunda visión es la que más puede definir nuestra generación. Es la que más se está extendiendo y, como todo, también debe ser cuestionada.

LA *HOOK-UP CULTURE*

La *hook-up culture* acepta y fomenta encuentros sexuales casuales, como las aventuras de una noche o las relaciones casuales, sin necesidad de compromiso ni de conexión emocional.

Esta cultura del sexo casual, de los rollos de unas semanas o los líos de una noche cada vez está más extendida. De hecho, cada vez se presume más de ello. Muchas de las conversaciones se basan en explicar que te liaste con ese chico, te tiraste a esa chica o estás teniendo una relación casual con alguien, «sin etiquetas», mientras te acuestas con otras personas. Mucho sexo, poco compromiso.

Parece que este es el camino por donde te lleva la sociedad durante estos años. Te sientes un poco raro cuando nada de eso te va. Tú necesitas una conexión emocional con alguien antes de compartir saliva con esa persona. Tus amistades liándose en discotecas y acostándose con chicos, y tú, quizá al principio, también forzándote a ello. «Es lo que toca», podrías pensar, «es lo que todo el mundo hace, es lo normal».

Cada vez es más sencillo conocer a gente. Conocí a mi pareja por Tinder, así que no voy a criticar la aplicación, pero, sin duda, te permite tener a quien quieras cuando quieras.

Cuidado con seguir a ciegas lo que hacen tus amistades o la demás gente de tu edad. Puedes probarlo, pero cuestiona cómo te hace sentir y si es verdaderamente lo que tú quieres y lo que a ti te llena.

Me gustaría compartir contigo algunas reflexiones sobre la *hook-up culture*. No importa si tú estás o no de acuerdo con ella y si te gusta o no. Realmente, eso da lo mismo. Pero estás aquí para cuestionar y hacerte preguntas. Así que eso haremos. Algo que se está extendiendo tanto y a edades cada vez más tempranas debe ser cuestionado. No se trata de juzgar esta forma de conducta, sino de que tú, que estás leyendo ahora estas líneas, te preguntes qué es lo que te hace bien a ti y desde dónde haces lo que haces. Recordemos que, al fin y al cabo, esta es mi opinión y lo que yo, a mi modo de ver, puedo percibir como problemas. Está bien si tú no lo ves de la misma manera y llegas a otras conclusiones. Y está bien también si coincides con las conclusiones que pude sacar yo en su momento sobre los siguientes problemas:

#1 Las personas nos estamos convirtiendo en objetos de usar y tirar, y estamos usando a los demás de la misma manera. Es una cultura que fomenta el «ahora quiero tener sexo, así que utilizo a esa persona que acabo de conocer, me desahogo y la dejo». Y la otra persona hace lo mismo contigo. Me gusta usar la metáfora de los pañuelos: tenemos mocos, cogemos un pañuelo, nos sonamos los mocos y ya nos quedamos bien por un rato.

#2 La falta de compromiso es cada vez mayor, ya que hemos visto que podemos tener sexo con alguien sin necesidad de cuidar a esa persona. Ofreciendo *the bare minimum*, como se dice en inglés, ya podemos tener a la persona en nuestra cama.

#3 Terminamos deshumanizando los cuerpos, tenemos sexo sin sentir. El sexo deja de tener ningún valor más allá de un placer momentáneo gracias al uso de otro cuerpo.

#4 Se utiliza a las personas como una manera de reafirmarnos a nosotros y a nuestro ego, y de desfogarnos sexualmente.

#5 Podemos terminar basando nuestra autoestima y nuestro valor en sentirnos deseados sexualmente por otra persona. Es posible que creamos que lo que nos da valor como personas viene por el número de personas que desean acostarse con nosotros.

#6 Se basa en el egoísmo y la gratificación instantánea, es decir, hacer lo que es mejor para ti y solo para ti. La otra persona, por lo general, no importa demasiado, es solo un medio para lograr lo que quieres.

#7 Es posible que termines experimentando una sensación de vacío y desconexión, ya que no estás conectado ni contigo ni con la otra persona.

Por suerte, vivimos en una sociedad en la que cada vez somos más libres de decidir qué hacer y con quién hacerlo, cosa que antes no pasaba. Es lo bueno también de ir a los extremos, que nos terminan mostrando una amplia gama de grises.

Cada vez existen más maneras de relacionarse y de disfrutar de nuestra sexualidad. Pero, sin duda, cuando se crea una nueva cultura a la hora de vivir las relaciones debemos cuestionarla. Debemos cuestionar por qué lo hacemos y cómo nos está haciendo sentir.

No eres más guay por acostarte con muchos, ni menos guay por querer acostarte solo con quien amas y con quien tienes una conexión emocional fuerte. Lo que te hace guay es que tú elijas lo que a ti te hace bien más allá de las presiones sociales a las que te enfrentes. Lo que está guay es que poco a poco aprendas a encontrar tu propio equilibrio y no te quedes a vivir en los extremos.

Así que, resumiendo: haz lo que te dé la gana, pero haz lo que te haga bien.

Historia #6

Siento mucha presión por estar a la altura de las expectativas generales, como encontrar pareja, independizarme, tener un trabajo «bueno» y estable, casarme, tener hijos... Nadie se preocupa realmente por si eres feliz o por respetar tu propio tiempo en la vida. ¿Qué pasa si yo no quiero nada de eso? ¿Y si mi camino es distinto al de los demás? ¿Por qué tiene que estar mal? Sé que lograré realizar todos mis sueños y encontrar mi camino, pero asusta mucho. En los días malos me siento pequeña y débil, pero sé que no soy así.

Gemma, 28, Girona

IDEAS QUE DESTACAR DEL RETO #4

• Disfrutar de tu soltería no tiene por qué significar mantener relaciones casuales y experimentar con diferentes personas. Disfruta a tu propia manera.

• Mereces amor en todo momento, también cuando tú no te estás queriendo tanto como te gustaría. Que nadie te haga creer lo contrario.

• No, el amor no lo puede todo. Una relación no puede funcionar si lo único que la está sosteniendo es el amor que sentís el uno por el otro.

• Construye una relación sana a tu propia manera. Hay tantos tipos de relaciones como personas, y una relación abierta no es sinónimo de una relación sana, ni una relación cerrada significa que sea tóxica. El tipo de relación que escojáis no define su grado de toxicidad.

- Sentir celos no te hace una persona tóxica ni debes castigarte por ello. Es totalmente normal sentir, sea lo que sea. Lo que importa es lo que haces y aprendes tú con eso que estás sintiendo.
- No intentes ir de persona sana, terminará siendo tóxico para ti. Acepta que vas a tener actitudes tóxicas y que vas a querer aprender de ellas. Pero no te machaques de más.
- Tener pareja no es sinónimo de estar mejor o de ir más adelantado que el resto de las personas. Cuanta más prisa tengas por emparejarte, más te vas a conformar con la primera persona que se fije en ti.
- Si te hace daño, suelta, aunque tengas miedo de no encontrar a nadie más. Es difícil pero valiente. Mejor la soledad que la mala compañía.
- Establece tu propio contrato de pareja y cuestiona tu idea de fidelidad.
- En cuanto a tu vida sexual y tu manera de vivir las relaciones, haz lo que te dé la gana, pero haz lo que te haga bien.

GUÍA PRÁCTICA PARA SUPERAR EL RETO #4

- **Tu propio contrato.** Pregúntate qué tipo de relación quieres tú, más allá de todo lo que te dijeron o viste sobre qué debe ser una relación. Hay tantas maneras de vivir las relaciones como personas en el mundo. Responder a estas preguntas te puede ayudar a empezar a cuestionar. Recuerda que las respuestas que des en estos momentos seguramente irán variando a lo largo del tiempo.

  - ¿Qué significa para ti «poner los cuernos»? Y en caso de tener pareja, ¿qué significa para ella? Discutidlo entre ambos.

- ¿Qué harás diferente la próxima vez que sientas celos?
- ¿Qué límites no estás dispuesto a sobrepasar en tu relación?

• **Tres consejos para no dejar pasar las *red flags* (señales de alerta) en tu relación:**

1. Escucha a tu cuerpo. En el fondo, sabes si esa persona te está haciendo bien o no. Sabes si es un «sí, continúa» o un «no, no sé...». Cuando tu mente intenta justificar los motivos para estar con esa persona, entonces no, sin duda.

2. Trabaja tu autoestima. Te permitirá realmente ponerte límites y tener una relación que te haga bien a ti porque tendrás claro que tú mereces lo mejor y no te conformarás con menos. Sabrás qué aceptarás y lo que no, y no permitirás que nadie sobrepase esos límites.

3. Responsabilízate (no significa culpabilizarte). Una relación es cosa de dos, sé consciente de cada vez que estés aceptando algo del otro que a ti no te termina de gustar o de convencer.

• **Sexo, sexo y más sexo.** Cada vez antes sentimos presión por tener relaciones sexuales y no quedarnos atrás, cada vez nos valoramos más según el deseo que despertamos en otras personas. Cuestionemos todo esto:

- ¿Has aceptado tener alguna vez sexo con alguien, aunque en ese momento realmente no te apeteciera del todo? ¿Por qué?

Recuerda que no le debes sexo a nadie, tampoco a tu pareja.

- ¿Has sentido alguna vez presión por tener sexo porque «ya tienes una edad» y «todo el mundo ya lo está haciendo»?

Recuerda que no eres más guay por tener mucho sexo con muchas personas ni menos guay por querer esperar a tener una conexión emocional con alguien.

- ¿Qué harás diferente a partir de hoy para empezar a disfrutar más de tus relaciones (en caso de querer tenerlas)?

Recuerda que presumimos mucho de la cantidad de veces que tenemos sexo a la semana, pero la calidad nada tiene que ver con la cantidad.

LA VIDA ADULTA Y EL TRABAJO

LA EDUCACIÓN ESCOLAR

LA VIDA PARA LA QUE SE ME PROGRAMÓ

Para abordar este tema, lo haré compartiéndote una experiencia personal.

LA ÚNICA VIDA QUE HE CONOCIDO

A los seis años se empieza el colegio. Por lo general, a las ocho o nueve de la mañana entras a clase y terminas a las cinco de la tarde. Cuando llegas a casa, toca hacer deberes y estudiar para los exámenes que tengas a lo largo de la semana.

Eso hice yo hasta los dieciocho años. Seis horas de clase y dos horas de deberes y estudio (sin contar los fines de semana, que también los dedicaba a estudiar). Me estaba preparando para la vida adulta sin darme cuenta. Madrugar, ir a trabajar, volver a casa, cenar y dormir.

Y no me quiero olvidar también de las extraescolares. Veo a padres que llenan las tardes de sus hijos con un montón de cosas.

Piano, básquet, ballet, natación, guitarra, inglés... De lunes a viernes, después de la escuela, una extraescolar. Y después, llegar a casa, hacer deberes y estudiar. Tardes sobrecargadas con cada vez menos tiempo libre para jugar.

¿Qué mensaje recibes entonces? El mensaje de que puedes con todo, hay tiempo para todo y parar significa perder el tiempo. Cuantas más cosas hagas, más estás aprovechando tu vida. Cuanto más ocupado tengas tu tiempo, mejor. Y entras en una rutina de la que finalmente no sabes cómo salir. No sabes cómo salir porque no sabes que has entrado en ella.

Aprendí que debo estar siempre haciendo cosas, si no, estoy perdiendo el tiempo. Aprendí que mi día a día necesita una rutina que consiste en trabajar mínimo ocho horas. Adquirí unos hábitos que se han convertido en mi zona de confort. Una zona de confort que, al contrario de lo que su nombre indica, no tiene por qué ser cómoda. Pero salir de ella es más incómodo que quedarse en ella.

No conozco otra vida que no sea esa. No conozco otra vida que no sea la vida que he tenido desde los seis años. Normal no saber cómo salir de ahí. Normal no saber siquiera que se puede salir de ahí. Es lo único que he conocido, lo único que creo que existe.

NO SOY UNA PERSONA CREATIVA

Jamás me consideré una persona creativa. Relacioné la asignatura de Plástica, esa que tan mal sentía que se me daba, con la creatividad. Y como no sabía dibujar, me identifiqué como una persona que no era nada creativa. Odiaba cuando tocaba plástica y la profesora decía: «Hoy podéis hacer dibujo libre». Dentro de mi mente sucedía la siguiente conversación: «¿Cómo que dibujo libre? Pero ¿ahora qué hago? ¿Por qué no me dice qué hacer y ya? Es que ahora me voy a tirar media hora pensando qué dibujar». Realmente me estresaba y acababa dibujando o bien una casa con montañas y el sol en la esquina, o bien copiaba algún dibujo de Google.

Si no me dice alguien qué debo hacer, ¿qué hago? ¿Qué hago si no tengo un profesor diciéndome qué hacer y cómo hacerlo? ¿Qué hago si no tengo un jefe que me dice qué hacer? ¿Qué hago si no tengo a alguien que me diga qué hacer en mi día a día?

Ya no hago Plástica. Ya no voy al cole. Ya no soy una niña. **Ahora soy una persona adulta que sigue queriendo que le digan qué dibujar y cómo dibujarlo**.

El problema de no saberme valer por mí misma es que termino dependiendo de que otras personas me digan cómo vivir mi vida y en qué invertir mi tiempo. Y si obedezco, no tengo tiempo de cuestionar.

ME DA MIEDO EQUIVOCARME

Recuerdo estar en el cole y que mis compañeros y yo, en ciertas ocasiones, tuviéramos miedo de levantar la mano o de dar la respuesta del ejercicio que estábamos corrigiendo. Algún profesor llegaba a decir: «¿Cómo puedes preguntar esto si lo acabamos de explicar?» o «Deberías saber la respuesta a este ejercicio». Al final, terminaba escondiéndome detrás de los libros para que no me tocara hablar. Decidía también no responder cuando el profesor preguntaba: «¿Queda todo claro?; ¿Alguien tiene alguna duda?». No, claro que no queda todo claro, pero me da miedo que mi pregunta sea tonta y me juzgues por ello.

Aquí aprendí lo siguiente: equivocarse está mal y probablemente me llevará al castigo, así que voy a evitarlo. Cuanta más aprobación tenga de las otras personas, mejor me voy a sentir conmigo.

Fui creciendo y me di cuenta de que, como persona adulta, seguía percibiendo el error como algo negativo y buscaba en muchos casos la aprobación de la autoridad (padres, profesores, jefes, políticos...). Ese «dime qué tengo que hacer» o «¿ves qué bien lo hago?». Ese aplauso, esas felicitaciones, esa felicidad en las caras de los demás por haber cumplido con las expectativas que tenían sobre ti.

No hables, participa, haz los deberes, estudia, aprueba, no escribas aquí, utiliza este tipo de letra, deja este margen...

Y profe, ¿cómo hago esto? ¿Y ahora qué tengo que hacer? ¿Y cómo hago aquello? ¿Y cómo de grande tiene que ser la letra? ¿Y sobre qué tema tengo que escribir? ¿Y cuánto me tiene que ocupar? Dímelo, dime absolutamente todo lo que debo hacer.

Y aquí, en estos momentos,
es cuando dejo de ser yo
y empiezo a ser lo que quieren que sea.
Una persona que obedezca,
que no cuestione
y que cada vez tenga menos creatividad
para poder expresarse.
Una persona que no aprende a pensar,
sino a que le digan qué pensar.

NADIE HACE COLA PARA UNA MONTAÑA RUSA PLANA

Tengo dieciocho años. Tengo miedo. Me aferro a lo único que considero seguro. Me aferro a la idea de seguridad que tengo no recuerdo ni siquiera desde cuándo. Me aferro a una carrera universitaria que no me gusta. Me aferro a unas prácticas universitarias que me generan un malestar terrible y hacen que no quiera ni salir de casa y que me esconda detrás de la serie *Friends*. Me aferro a un título universitario como si fuera mi salvavidas. Me aferro a un trabajo de ocho horas que me da dinero suficiente para vivir. Me aferro a un «para toda la vida» porque los «hoy sí, mañana ya descubriré si también o no» me asustan demasiado.

Me aferro al camino conocido. Empiezo a desconfiar de mí y a vivir pensando que debo estar agarrada a una barandilla mientras camino mirando al suelo para estar segura y no caerme. Lo que no sé es que, si me soltara de esa barandilla y mirara hacia arriba, vería lo grande que es el paisaje y los infinitos caminos que se abren ante mí.

Nadie hace cola para una montaña rusa plana.

Quiero arriesgarme y fracasar. Quiero intentarlo y conseguirlo. Quiero probar y que no me guste. Quiero probar y que me encante. Quiero saltar y caer. Quiero caer y levantarme. Quiero llorar de impotencia y llorar de felicidad. Quiero no sentirme capaz y quiero sentirme capaz. Quiero tener miedo y quiero ser valiente. Quiero frustrarme porque no me salga algo y aplaudir lo que sí me ha salido. Quiero celebrar mis pequeñas victorias y aprender de mis derrotas. Quiero vivir la montaña rusa de principio a fin. Quiero todos los momentos que suponen levantar la mirada del camino. Porque quiero vivir, no existir.

LA SOCIEDAD DEL ESFUERZO

PRODUCTIVIDAD, ESFUERZOCRACIA Y MERITOCRACIA

No sé qué pasa a partir de los treinta, pero lo malo de estar en tus veinte es que lo primero que te preguntan los familiares o personas conocidas es: «¿Y qué estás haciendo?, ¿qué estás estudiando?, ¿ya estás trabajando?». A lo que, si estás trabajando, te responden con: «Bueno, si tienes trabajo, eso es lo que importa». Y, si no, el interrogatorio se alarga un poco más.

Estudia. Saca buenas notas. Ve a la universidad. Gradúate.
Haz un máster. Haz un doctorado. Trabaja. Trabaja más.
No seas vaga, no te quejes, trabaja. Haz horas extra.
No pidas más, suerte tienes de tener trabajo. Asciende.
Gana dinero. Gana más. No mires Netflix o TikTok, eso es
perder el tiempo. No pares, sé productiva. Haz. Haz. Haz.
Qué buena eres. Qué bien lo haces. Qué buen hijo,
qué buena estudiante, qué buen trabajador.

Caes. Esto no se sostiene por ningún lado.

Escucho frases como: «Las personas jóvenes no queréis trabajar», y pienso: «Claro que no, ¿por qué íbamos a querer?».

¿Por qué íbamos a querer cuando, según el informe de Gallup, *State of The Global Workplace* de 2022, el 44 % de los trabajadores sufre estrés diario?

¿Por qué íbamos a querer cuando el 60 % está desapegado de su puesto de trabajo?

¿Por qué íbamos a querer cuando el 19 % se siente miserable?

¿Por qué íbamos a querer cuando se nos está imponiendo una vida que consiste en rogar por trabajos con salarios precarios?

¿Por qué íbamos a querer cuando nos venden un futuro tan oscuro?

¿Por qué íbamos a querer cuando, si no aceptamos hacer horas extra, nos echan del trabajo?

Quizá sea normal que no queramos vivir a base de pastillas contra la ansiedad. Quizá sea normal que procrastinemos esto de tener trabajo, que nos asuste entrar en el mundo laboral. Quizá sea normal que cada vez que vemos adultos quejándose de su trabajo nos entren menos ganas de convertirnos en lo mismo.

Nos han vendido que con estudios nos comeremos el mundo. Que yendo a la universidad tendremos la vida resuelta. Y claro, eso hemos hecho, poner nuestro valor en unos cuantos títulos. Nos han vendido que hagamos lo que debemos, que mejoremos constantemente, que nos sumerjamos en el hacer. Tanto poner valor en el hacer que dejamos de ser. Tanto poner valor en el hacer que terminamos siendo más recursos humanos que seres humanos.

Voy a decirte algo que puede ayudarte a ver las cosas desde otra perspectiva: la presión tan fuerte que sentimos en nuestros veinte viene de la mentira de que nuestro valor está directamente relacionado con nuestra carrera o trabajo, es decir, con aquello a lo que nos dedicamos. Qué presión cuando estás intentando averiguar qué hacer con tu vida y alguien te pregunta: «¿A qué te dedicas?».

Pero ahora, quiero que pienses en tus amistades y en las personas que más quieres. ¿Por qué las quieres? Seguramente es por cómo te sientes cuando estás con ellas, porque te ríes a su lado, te escuchan, podéis hablar de todo, ¿cierto? ¿En algún momento, cuando piensas en ellas y por qué las quieres, reparas en su profesión? No, por supuesto que no piensas: «me encanta que sea publicista» o «me encanta que sea ingeniero». No las quieres por su trabajo, las quieres por lo que son. Entonces, **¿por qué medimos nuestro valor únicamente en cuanto a nuestra carrera o nuestro trabajo?**

Mi identidad no viene definida por mi trabajo. No soy mi cargo laboral ni tampoco la carrera que he estudiado. No soy mi título. Creía que encontrarme significaba encontrar mi identidad laboral, creía que encontrarme implicaba poder responder la única pregunta que parece importarle a la gente: «¿A qué te dedicas?». Creía que mi valor me lo daría la respuesta a esa pregunta. Suerte que dejé de preguntar a la gente qué estudian o de qué trabajan porque verdaderamente me da lo mismo. Suerte que nunca me identifiqué con mi carrera y que nunca dije cosas como «soy publicista», como si pudiera ser una profesión y eso formara parte de mi personalidad, de quién soy yo. Suerte que aprendí que mi trabajo no es lo que me hace sentir fracasada o realizada, sino cómo me siento yo desde que me levanto hasta que me voy a dormir. Y eso nadie me lo pregunta, porque parece que sonríen más cuando simplemente les dices que tienes trabajo o que estás sacándote un título de algo. Siento que les da igual cómo me haga sentir eso. Suerte que empecé a ver que mi valor iba muchísimo más allá de mis estudios o de mi profesión. Que soy muchísimo más que mis títulos o mi cargo. Y que, por eso, sentirme perdida laboralmente hablando no me hace perder ningún valor como persona. Sigo siendo mucho, y sigo valiendo mucho.

Dicho esto, en este capítulo me gustaría hablarte de tres conceptos.

LA PRODUCTIVIDAD

Estoy harta. Estoy harta de sentir culpa en esos días que estoy con la regla y no soy nada productiva. Estoy harta de sentir culpa en esos días en los que no tacho todas las cosas de mi *to do list* que tenía apuntadas. Estoy harta de sentir culpa cada vez que no puedo con todo. Claro que no puedo con todo. Lo raro sería poder con todo.

Cada vez existen más cursos sobre «cómo hacer más en menos tiempo». Pero ¿para qué necesito leer más libros en menos tiempo? ¿Para qué necesito estudiar más en menos tiempo?

Poner los audios de WhatsApp o los vídeos de YouTube a más velocidad también es un buen ejemplo. ¿Por qué necesito terminar las cosas más rápido? ¿Para que me dé tiempo a hacer más cosas en las veinticuatro horas que tiene el día?

Al final nunca estamos por lo que estamos porque siempre estamos por lo siguiente que haremos.

Terminar algo lo antes posible.
Hacer algo lo más rápido posible.
No perder ni un minuto de mi día.
Sentirme culpable por tumbarme en
el sofá después de un largo día.

Claro que no puedo más. Claro que no podemos más. Pero esto no me define. No valgo menos por no poder con todo y no hacer mil cosas en un día. No valgo menos por no tener las veinticuatro horas de mi día ocupadas. No valgo menos por haberme pasado una semana sin energía. No valgo menos por descansar.

De hecho, valgo muchísimo. Valemos muchísimo. También en esos días que necesito cuidar de mi salud mental y quedarme en casa. También en esos días que son cero productivos. Y en esos días en los que he dormido mal y no tengo energía para hacer todo lo que quería hacer.

Mi valor no está definido por mi nivel de productividad.

Me vendieron que si no era productiva estaba perdiendo el tiempo. Me sentía culpable por no hacer nada y me creí que solo hacía algo cuando producía. Todo lo demás era perder el tiempo. Me he puesto diez minutos a descansar mirando tiktoks y me he dicho: «Debería ponerme a hacer algo de provecho».

Lo que pasa es que, como me dijo una profesora no hace mucho, el tiempo no se puede perder, solo vivir.

Recordemos que descansar también es hacer algo.

Recordemos que más vale estar presente en lo que estamos haciendo, aunque eso suponga tardar más, que pretender hacer mil cosas y no estar presente en ninguna porque solo pensamos en terminarlas para comenzar la siguiente.

Es normal sentirse sobrepasado a veces. Sentimos que tenemos tantísimas cosas que hacer y no llegamos a todo. Por supuesto que no llegamos a todo. Quizá en lugar de aprender a abarcar más cosas en menos tiempo, el aprendizaje sería hacer menos cosas, pero estar presentes mientras las hacemos.

Perdónate. Perdónate por no llegar a todo. De hecho, no intentes ni siquiera llegar a todo, porque al final terminas sin llegar a nada.

LA ESFUERZOCRACIA

Admito que la primera vez que escuché este término no estuve de acuerdo. Quizá te pase lo mismo a ti al leer las siguientes líneas. A tu mente le puede costar cuestionar algo que siempre ha creído.

La cultura del esfuerzo dice que, cuanto más te esfuerces, más lograrás. Cuanto más te esfuerces, mejor te irá en la vida.

El mensaje que se recibe es que, si no te esfuerzas, no llegarás a ninguna parte. Y lo único que veo son personas de cincuenta años que se han pasado toda la vida esforzándose día tras día durante ocho o más horas, y ¿para qué? ¿Para quién?

No estoy diciendo que nuestra vida sea tirarnos en el sofá a ver la tele. Para nada. Lo que hice fue plantearme hacia dónde estaba invirtiendo tanto esfuerzo, hacia qué me estaba llevando eso y cómo me estaba haciendo sentir.

Trabajar durante cuarenta o más años. Hacer horas extra. Llevarte el trabajo a casa. No tener tiempo para comer porque la empresa te ha pedido que termines algo importante. Estresarte por todo lo que tienes que hacer. Sí, requiere de muchísimo esfuerzo. Pero ¿cómo te hace sentir? ¿A dónde te está llevando todo ese esfuerzo? ¿Y si todo ese esfuerzo lo pusieras en algo diferente?

No puedo más. No aguanto más este ritmo. Claro que no. Mi cuerpo y mi mente necesitan un descanso, pero siento que no puedo dárselo porque, cuanto más me esfuerce, más grande siento que será la recompensa. Así que necesito esforzarme al máximo. Darlo todo. Dar mucho más de lo que puedo dar. Levantarme a las cinco de la mañana, ir a trabajar, salir más tarde de mi hora y, además, ir al gimnasio porque es importante hacer ejercicio. Comer sano, meditar una hora antes de dormir, practicar yoga y, de paso, ir solo de vacaciones para aprender a pasar tiempo conmigo.

Que tanto esfuerzo no te impida vivir, con todo lo que eso supone.

LA MERITOCRACIA

En teoría, todas las personas debemos disfrutar de las mismas oportunidades. Se dice que, quien llega alto, ha sido por mérito propio. Esto es la meritocracia.

Es relativamente sencillo llegar a la conclusión de que no todas las personas disfrutamos de las mismas oportunidades.

Mis padres me pagaron una carrera de cuatro años que valía dos mil euros al año. Me pagaron un Máster de Desarrollo Personal y Liderazgo y otro de Inteligencia Financiera que valían mil euros y ochocientos euros, respectivamente. Después, tres años en el Instituto Gestalt en Barcelona por dos mil doscientos euros al año. Y tengo la gran suerte de que la educación me la hayan pagado siempre ellos.

No tengo una familia rica, pero no estaría ahora aquí escribiendo este libro si faltara dinero en casa porque, en lugar de emprender, seguramente habría estado en cualquier trabajo que me pagara mil euros al mes.

No todas las personas partimos del mismo lugar.

Mis padres fueron a la universidad. Mis tíos, también. Por lo general, la mayoría de las personas en mi familia ha ido a la universidad. En esa época, eran personas privilegiadas. Tener estudios superiores les brindó muchas oportunidades laborales.

Ahora quieren lo mismo para mí. Y las personas que no tuvieron la oportunidad de ir a la universidad, ahora quieren que sus hijos disfruten de lo que ellas no tuvieron.

Y aquí es donde llegan los títulos. Títulos, títulos y más títulos. Cuantos más títulos, más creo que merezco. Y ya que ahora un título quizá no me resuelve la vida, me sacaré dos o tres.

Yo también pensé que un título me resolvería la vida. Pensaba que ese título haría que mereciera un buen trabajo con un buen sueldo.

Nuestros padres hacen lo que consideran mejor para nosotras. Y hay que agradecerlo, pero las cosas han cambiado. Ya nos hemos ido dando cuenta al ver a tantísimas personas con carrera y máster en el paro o con sueldos muy poco envidiables.

Mamá, papá... No entrar en una carrera no va a significar que fracase en la vida.

Dejar la carrera sin haberme graduado no va a significar que fracase en la vida.

Es mejor que pase mis dieciocho descubriendo qué me gusta que no estudiando una carrera que no me gusta.

Un fracaso académico no significa un fracaso personal.

Quizá no quiera una vida segura y planeada hasta los sesenta y cinco.

Mamá, papá... **Mi valor y mi éxito en la vida no van a depender de mis títulos, sino de mí.**

UN TRABAJO DE LO TUYO

ENTRE GRADUACIONES Y ENTREVISTAS LABORALES

PASO 1:
ELEGIR QUÉ ESTUDIAR

Da miedo. Da mucho miedo. Da miedo no saber qué te gusta y tener que tomar lo que te dicen que es «la decisión más importante de tu vida», aquella que «definirá todo tu futuro». Poco se habla del sufrimiento que esto genera entre los adolescentes.

En el paso de tercero a cuarto de la ESO, es decir, de los quince a los dieciséis años, ya toca elegir un itinerario. En mi caso, opté por el científico. Me motivaron a ello ya que «sacaba muy buenas notas y podría aprobarlo fácilmente».

No me gustó.

Ahora llegaba el bachillerato. Podía elegir entre cuatro itinerarios: el humanístico, el científico, el social y el tecnológico. Ninguno me llamaba especialmente la atención, pero decidí escoger el bachillerato social.

A los diecisiete años empecé a explorar, junto con mis padres, qué era lo que iba a estudiar en la universidad. No me había planteado otra cosa que no fuera ir a la universidad, ya que, en la mente de la Judit de diecisiete años, era lo que me daría un mejor futuro y más salidas laborales. Bueno, era lo que me daría valor, aplausos y aprobación.

Miré infinitas carreras e investigué un poco sobre las asignaturas que tenía cada una de esas carreras.

> Mierda, ninguna me llama la atención.
> Pero tengo que ir a la universidad.
> Tengo que tomar una decisión que va a definir todo mi futuro. Porque aquello que estudie va a ser aquello a lo que me voy a tener que dedicar toda la vida.

Spoiler: no es cierto.

Lo cierto es que es complicado saber a los dieciocho qué quieres hacer. Piensas que entrar en una carrera es el siguiente paso, que, si no, perderás el año. Crees que cuando te gradúes ya lo tendrás todo claro, pero la realidad no siempre es esa.

La realidad es que necesitas toda tu vida para ir aprendiendo y descubriendo aquello que te gusta. La realidad es que la decisión de qué carrera estudiar no va a determinar tu vida entera. La realidad es que no vas a perder ese año, aunque no entres en ninguna carrera. Equivocarte forma parte del camino, y puedes cambiar de camino tantas veces como necesites.

Sé que es estresante. Sé que sientes que tu vida depende de esa decisión. Pero ¿qué asusta más? ¿Pasarte dos, tres o cuatro años estudiando algo que no te gusta y después cambiar por otra cosa o pasarte cuarenta años trabajando en algo que no te gusta?

#TIP

Tu éxito en la vida no va a venir determinado por la cantidad de salidas laborales que tenga aquello que estudies.

Si algo te apasiona, ve a por ello. Y si no, tienes toda la vida para ir descubriéndolo. Empieza a confiar en todas las capacidades que tienes, que no son pocas.

PASO 2:
GRADUARTE

La celebración. Quizá hayan sido dos años de FP o cuatro años de carrera, no importa. No ha sido fácil, solo tú lo sabes. Ha habido asignaturas que parecía que jamás podrías sacarte, noches sin dormir, trabajos en grupo en los que alguien decidía no hacer su parte, nervios preexamen... Pero ya está, sabes que esto ya ha terminado. Sea como sea, mereces celebrarlo.

Felicítate, has hecho un largo recorrido hasta aquí. Sé que es una sensación agridulce y puede asustar, pero durante un día, celebra todo lo que has hecho por ti.

Empecé la carrera sin saber lo que era la ansiedad y terminé conociendo bastante bien ese término. Se me salen las lágrimas intentando escribir esto, porque detrás de esa celebración hay muchas lágrimas, muchos días sin poder comer, viajes de vuelta a casa en el metro con ganas de vomitar. Hay muchos «no sé si podré, ¿qué me está pasando?» y «no quiero salir de casa». Da igual lo que celebres el día de la graduación. Si sientes que no tienes nada que celebrar, celebra que estás hoy aquí. Que, pese a todo, estás aquí.

No tienen por qué haber sido los mejores años de tu vida. No tienes por qué haber hecho infinidad de amistades ni haber ido a infinidad de fiestas. Tampoco importa si la carrera te ha enamorado o si la has odiado. Hoy, eso no importa. Importa todo lo que has hecho por ti, lo que has mejorado, aprendido y conocido. Importa que, pese a todo, decidiste seguir adelante.

Y lo lograste.

O no.

Porque si finalmente no pudiste con todo, también está bien.

> **Agradece todo lo que has hecho por ti.** Agradece todo aquello que solo tú sabes que has tenido que hacer para llegar hasta aquí. Cada pequeño paso que das merece ser celebrado y apreciado.

PASO 3:
ENCONTRAR TRABAJO

Era 2019 y acababa de terminar una carrera de cuatro años que no me había gustado. Si algo tenía claro era que no me quería dedicar a la publicidad y las relaciones públicas. No solo porque no me gustaban, sino porque solamente me hacía falta ver a mis compañeras de universidad explotadas en agencias publicitarias. Pero si no me dedico a lo que he estudiado, ¿qué?, ¿qué hago?, ¿qué será de mí? ¿Qué pasa cuando no quieres un trabajo «de lo tuyo»? ¿Qué es siquiera eso?

Estaba perdida, con ansiedad y sin la menor idea de qué era lo que iba a hacer a partir de ese momento. Me encontré entrando en el mundo adulto, respondiendo a ofertas de trabajo que no me gustaban: InfoJobs, LinkedIn, JobToday, Indeed...

Finalmente, un día, decidí pisar el freno. Cerré el portátil y pensé: «Judit, ¿qué estás haciendo? Tienes que parar ya mismo». Había estado siempre tan centrada en hacer lo que me tocaba que me había perdido a mí misma por el camino.

> ¿Dónde queda mi valor si no tengo trabajo?
> ¿Dónde queda mi valor si no sé qué hacer?
> ¿Qué van a pensar de mí?

Ansiedad, ansiedad y más ansiedad. Todo esto no entraba en mis planes.

Somos una generación a la que le han hecho creer que tiene suerte solo por el hecho de tener trabajo.

Somos una generación a la que le han hecho creer que tiene que estar contenta por cobrar mil euros al mes.

Somos una generación a la que le han hecho creer que tiene que aceptar el primer trabajo que le propongan.

Somos una generación a la que le han hecho creer que lo normal son las horas extra y la explotación laboral.

Somos una generación que ha aprendido a acudir a las entrevistas de trabajo pensando «a ver si me contratan» en lugar de «a ver si me interesa lo que me ofrecen».

Cuanto menos nos hagan creer que valemos, más fácil será aprovecharse de nosotros. Más fácil será que nos conformemos con lo que nos viene dado. Más fácil será que creamos que esto es lo único a lo que podemos aspirar.

Pero claro que vales, y muchísimo. Vales muchísimo con títulos y también sin títulos. Vales muchísimo si sacas un diez en todo y también si apruebas justo. Vales muchísimo cuando aciertas y también cuando te equivocas. Vales muchísimo si consigues graduarte, pero también si no te gradúas. Vales muchísimo si te sacas una ingeniería, pero también si te sacas una carrera artística. Vales muchísimo cuando tienes muchas ofertas laborales y también cuando no tienes ninguna. Vales muchísimo si tienes claro qué hacer con tu vida y también si no tienes ni la menor idea. Vales muchísimo en cada momento porque lo externo no definirá jamás tu valor interno.

Hacer más no te hace ser más. Y hacer menos que la persona de al lado, que tiene una carrera supertop y que cobra dos mil quinientos euros al mes, no te hace ser menos.

Ojalá hubiera aprendido esto antes de machacarme, compararme y exigirme tanto.

No te des menos valor del que sabes que tienes. Confía en todo tu potencial. Cuando acudas a una entrevista de trabajo, no vayas desde el «a ver si me contratan», sino desde el «a ver si me interesa». Eres tú también quien les hace un favor, no solo ellos a ti.

PASO 4:
PARAR

Imagina que coges el coche en tu ciudad para emprender un viaje. Te levantas temprano, hacia las cinco de la mañana, y no paras de conducir hasta las doce de la noche. Llegará un momento en el que el cansancio será tal que no sabrás ni por dónde estás conduciendo. Y no solo eso, sino que cogiste el coche por la mañana sin saber hacia dónde te dirigías.

Así vivimos nuestra vida la mayoría de las veces. Sin parar ni un minuto y sin un rumbo claro. Simplemente conduciendo por inercia. Hasta que, finalmente, decides mirar a tu alrededor y observas que no te gusta nada el lugar donde has ido a parar. Entonces pisas el freno. Paras. Sueltas el piloto automático.

En mi caso, eso sucedió a los veintidós años, en 2019, justo al graduarme de la universidad. Y, de nuevo, marzo de 2020 me obligó a parar, ya puedes imaginarte por qué.

A veces, lo mejor que puedes hacer por ti es frenar. A mí me cambió la vida. Sé que no todas las personas tienen el privilegio de poder hacerlo, pero si puedes, hazlo. Haz una pausa. Y esa pausa será el inicio de un nuevo camino. Te lo prometo.

Si no, pasarás la vida entera conduciendo sin rumbo alguno con el piloto automático puesto creyendo que solamente existe una carretera en línea recta.

Pisa el freno y para. Si tienes el privilegio de poder hacerlo, dedica unos meses para ti al salir de la universidad (en caso de haber ido), no te pongas a buscar rápidamente un trabajo. Cuestiona la vida que tienes ahora mismo y hazte preguntas: «¿Hacia dónde quiero ir?; ¿Cómo he llegado hasta aquí?; ¿Cuál es el siguiente paso que quiero dar?». Si no puedes hacerlo porque necesitas trabajar, dedica unos momentos al día para hacerte preguntas. No dejes nunca de cuestionar.

ATRÉVETE A SOÑAR A LO GRANDE

CREA TU ESTILO DE VIDA IDEAL

No hay nada que me limite más a la hora de elegir mi camino que pensar que solo hay un único camino. Podré salirme de esa carretera de la que hablábamos en el momento en el que empiece a creer que puedo salir de esa carretera. Si no, pasaré la vida siguiendo ciegamente un montón de coches que van en la misma dirección.

Seguir a la multitud no siempre sirve para no perderte. Ya te habrás dado cuenta.

Pero qué presión se puede sentir a veces. Qué presión cuando intentas algo mil veces y sigue sin salirte. Cuando te dicen que debes descubrir tu propósito de vida. Qué presión cuando tus amistades ya saben qué hacer con sus vidas y tú todavía no.

Veamos cómo pude transformar todo esto en algo que me motivara y no me frenara.

«ME FRUSTRO MUY FÁCILMENTE CUANDO ALGO NO ME SALE»

¿Te ha pasado alguna vez que has estudiado mucho para un examen y aun así no has sacado la nota que esperabas? ¿Te ha pasado que sentías que todo el mundo encontraba pareja menos tú? ¿Te ha pasado que, por mucho que te esforzaras en algo, seguía sin salirte? ¿Te ha pasado que querías independizarte, pero no tenías dinero para hacerlo?

Puede ser que eso te haya hecho sentir frustración. Tenías unas expectativas que finalmente no se han cumplido. Y eso mismo es la frustración, una emoción que sientes cuando las cosas no salen como quieres.

Estos son algunos trucos que me han ayudado a mí a tener mayor tolerancia a esta emoción. Quizá te ayuden a ti también.

#1 La frustración forma parte de la vida, aprende a reconocerla y aceptarla. Las personas no siempre actuarán como esperamos y la vida no tendrá los tiempos que nos gustaría. Y cuanto más nos sobreprotejan los padres, más incapacitan a sus hijos. Las emociones incómodas también nos pertenecen y debemos darles su lugar. Frustrarte significa que estás intentando cosas nuevas que no sabías hacer antes, accediendo a nuevos territorios, superando nuevos obstáculos.

#2 Gestiona las expectativas sobre lo que te puede pasar. No siempre todo te va a salir como esperas y, menos aún, perfecto. Empieza a agradecer ese pequeño paso que has dado en lugar de exigirte siempre la perfección. Céntrate en lo que has logrado en lugar de en todo lo que todavía no has conseguido.

#3 Considera los fallos como únicamente eso, fallos. No somos personas perfectas ni lo sabemos todo. No pasa nada ni vales menos por equivocarte.

#4 Ten paciencia. Queremos que todo salga como queremos cuando queremos y que el mundo se adapte a nosotros para así dejar de sentir esa frustración. No te victimices ni culpes a nadie, esa emoción es tuya y sirve para que aprendas. Aprovéchala.

«ME ESTRESA TOMAR DECISIONES SOBRE MI FUTURO»

En las siguientes líneas encontrarás los trucos que a mí me cambiaron la vida. No lo digo para exagerar. Odio tomar decisiones, lo paso fatal, pero esto no solo me ha ayudado a tomarlas, sino también a acercarme a la vida que deseo vivir.

Presta mucha atención. Solo depende de ti hacer lo que te diré a continuación.

#1 Define cómo sería tu vida ideal. Deja de conducir por inercia. Escribe cuánto dinero ganarías, dónde vivirías, con quién, cómo sería tu casa, qué harías en tu día a día, qué harías los fines de semana, de qué trabajarías, cómo te haría sentir ese trabajo... Descríbelo todo con todo tipo de detalle, cuanto más, mejor. Y no lo describas en condicional, sino en tiempo presente, como si eso ya fuera tuyo. No permitas que tu mente te limite, anota todo lo que tú verdaderamente desees. Por una vez en tu vida adulta, atrévete a soñar a lo grande. Si no tienes un plan para tu vida, te pasarás la vida cumpliendo el plan de otra persona.

#2 Una vez que sabes hacia dónde te diriges, vas a poder empezar a conducir por las carreteras que te lleven a ese destino. Toma decisiones coherentes con el estilo de vida que quieres tener. En cada decisión, pregúntate: «¿Esto me acerca o me aleja de mi estilo de vida ideal?». De nada sirve querer llegar a un destino y tomar una y otra vez la carretera en sentido opuesto.

#3 Deja de pensar que tienes que decidir ya tu vida entera. Cada decisión te va a enseñar infinitos caminos diferentes que no vas a poder ver hasta que no tomes esa decisión. Pregúntate: «¿Cuál es el siguiente paso que quiero dar ahora mismo?». Únicamente el siguiente. No pretendas ver la cima desde debajo de la montaña.

#4 Disfruta del proceso. A veces, nos centramos tanto en conseguir ese resultado concreto que nos perdemos el presente y dejamos de disfrutar del proceso. Está bien marcarse objetivos de futuro, pero, cuidado, que no te hagan sacrificar el presente.

«TODAS MIS AMISTADES TIENEN LA VIDA MÁS RESUELTA QUE YO»

Un día le dije a mi terapeuta: «Siento que voy por detrás del resto de las personas de mi edad que ya están ganando dinero e independizadas». Y me preguntó: «¿Quieres la vida que tienen ellas?». Respondí: «No, no quiero ese trabajo de nueve a cinco y esos mil trescientos euros al mes».

Es inútil compararse con las personas que toman carreteras distintas a las tuyas. Es normal que no tenga esa vida ahora mismo porque las decisiones que estoy tomando no están siendo coherentes con ese trabajo de nueve a cinco y esos mil trescientos euros al mes.

Me di cuenta de que había algo que me iba a afectar a la hora de acercarme o alejarme de mi estilo de vida ideal: el entorno.

#1 Sé consciente de tu entorno. Si sabes hacia dónde te diriges, buscarás personas que te sumen en tu camino. Rodéate de gente emprendedora si tu objetivo es emprender. Rodéate de personas que consideras exitosas si tú también buscas el éxito. Rodéate de personas que trabajen también por su estilo de vida ideal. Rodéate de personas que no se quejen del dinero si quieres tener dinero. Rodéate de gente que trabaja para lograr sus sueños y no se conforma con una vida preescrita si tú también entiendes el trabajo como una forma de lograr tus sueños. Rodéate de personas que, en lugar de mirarte raro y reírse de ti cuando les explicas tus sueños, te animan y motivan como si fueran tus fans número uno.

Recuerda que eres la media de las cinco personas con las que más tiempo pasas. Elige bien.

#LOQUENOCONTAMOS

Historia #7

Hace un año, a los veintitrés, terminé un máster después de haber hecho un grado universitario. Durante la carrera disfruté con lo que había elegido por vocación a pesar de no tener salidas. Cuando acabé, decidí que no quería agobiarme con encontrar trabajo, quería tener un tiempo para descansar mentalmente después del esfuerzo que supuso para mí sacarme los estudios. Pensaba: «Soy muy joven, tengo mucho tiempo por delante, ya llegará mi oportunidad». Tampoco quise presionarme porque sabía lo difícil que era trabajar de lo mío. Pero en mi entorno empecé a recibir otro tipo de mensajes: «¿Y ahora te vas a quedar en casa sin hacer nada?; ¿Por qué no echas el CV en esta empresa?; Tienes que empezar a pensar en ser independiente y madurar». Frases con buena intención, pero que empezaron a suponer una presión importante que me desencadenó muchísima ansiedad porque de alguna manera me hacían sentir culpable de no poder entrar en la dinámica adulta. Unos meses después encontré un trabajo en mi ámbito con buenas condiciones laborales y un sueldo digno, donde sigo actualmente. Sin embargo, no me siento como me imaginé que me sentiría. No me gusta. No me veo dedicándome a esto toda mi vida. ¿Y ahora qué? Me noto estancada, aunque esté cumpliendo mis metas marcadas, no veo que esté avanzando, no me siento feliz. Siento que me he equivocado, y siento miedo. Nunca me he visto trabajando en otra cosa y no sé a qué dedicarme. Se supone que soy muy joven, pero ya soy adulta. Ya debería pensar en independizarme, hacer mi vida... Volver a estudiar o cambiar de sector laboral sería como empezar de cero... Echar por tierra todo el esfuerzo invertido cuando se supone que me va bien.

Carlota, 24, Madrid

IDEAS QUE DESTACAR DEL RETO #5

- Cuestiona. No dejes nunca de cuestionar. Suelta el «es lo que toca».
- Tu valor no lo define tu nivel de productividad. Vales mucho cuando eres productivo y también cuando no lo eres.
- Perdónate en esos días en los que tu cuerpo te pida descansar. Mereces también ese descanso. No hacer nada también es hacer algo.
- Tu valor y tu éxito en la vida no dependerán de tus títulos, sino de ti.
- Ninguna decisión va a definir tu vida entera. Paso a paso.
- Tu éxito en la vida no va a venir determinado por la cantidad de salidas laborales que tenga aquello que estudies.
- Agradece cada pequeño paso que das. Solo tú sabes lo mucho que te ha costado incluso ese pequeño paso.
- Solo definiendo tu estilo de vida ideal podrás empezar a tomar decisiones coherentes que te acerquen a él.
- No te compares con tus amistades, viajáis por carreteras diferentes.
- Sé consciente de tu entorno.

GUÍA PRÁCTICA PARA SUPERAR EL RETO #5

Pierde el tiempo durante un tiempo. Utilizamos la expresión «perder el tiempo» cuando no estamos haciendo algo productivo. El tiempo no puede perderse, simplemente se usa de una manera o de otra. No hacer nada también es hacer algo. La próxima vez que mires reels, tiktoks o cualquiera de estas cosas consideradas «pérdidas de tiempo», observa tus pensamientos.

- ¿Sientes remordimientos pensando que deberías estar haciendo otra cosa?
- ¿Te dices a ti mismo que estás perdiendo el tiempo?
- ¿Te sientes mal por no estar estudiando o hacer algo productivo?

Es importante que nos acostumbremos a no hacer nada sin sentirnos mal por ello. Con consciencia, eso sí. ¡Dedicar treinta minutos al día a mirar tiktoks no tiene nada de malo; es peor mirar tiktoks y sentirse mal por ello!

Agradece. En lugar de enfocarnos todo el tiempo en aquello que no nos ha salido bien o que no hemos logrado, empieza a tomar cinco minutos de tu día para agradecer todo aquello que sí has hecho y logrado, por pequeño que te parezca. El agradecimiento es una de las herramientas más poderosas.

Tu estilo de vida ideal. Escribe en una hoja cómo sería tu estilo de vida ideal. Utiliza el tiempo presente, como si fuera algo que ya tuvieras en tu vida. No te limites ni dejes de anotar algo porque lo creas demasiado difícil. Apunta todo lo que se te ocurra: dónde vivirías, cómo sería tu casa, con quién vivirías, cuánto dinero ganarías, qué harías en tu día a día, a qué hora te levantarías, qué harías los fines de semana, cómo te sentirías... Sueña a lo grande. Está más cerca de ser tuyo cuando empiezas a escribirlo. Una vez que lo tengas, comienza a tomar decisiones coherentes con lo que has puesto sobre el papel: ¿esto me acerca o me aleja de mi estilo de vida ideal?

TREINTA CONSEJOS DE LOS VEINTE A LOS TREINTA (CUARENTA, CINCUENTA O SESENTA)

1. Tienes toda tu vida para resolver tu vida. La vida no termina a los treinta.

2. Los ritmos y logros de tus amistades serán diferentes a los tuyos porque cada persona tiene sus tiempos y escribe su propia historia.

3. No existe una edad para tener pareja ni relaciones sexuales. Los tiempos los marcas tú, no la sociedad.

4. No dejes de lado tu salud mental por un trabajo. Ahora más que nunca es el momento de cuidarla.

5. No dejes de lado tu salud mental por una pareja.

6. Deja de pensar en qué harás hasta que te jubiles: ¿cómo quieres vivir tu vida y cuál es el siguiente paso que tomarás para lograr eso?

7. Suelta esas personas de tu alrededor que no te hacen bien. Cuida tu energía.

8. Disfruta de los pequeños momentos es más valioso que buscar constantemente grandes experiencias.

9. Nada es tan importante.

10. Ve a terapia a sanar tus heridas y a conocerte.

11. Cuestiona todo lo que te digan las personas más adultas (y también las de tu edad).

12. No tienes que dedicarte a aquello que has estudiado en la carrera. Y no eres un fracasado por ello.

13. No tienes que saberlo todo. Equivocarte forma parte del viaje de la vida.

14. No tienes que producir todo el tiempo para tener más valor como persona. Para de vez en cuando sin sentirte culpable por ello.

15. Toma con pinzas los consejos y opiniones de la gente. También a estos. Recuerda que los «no podrás» vienen de sus propias inseguridades.

16. Sal de tu zona de confort. No te quedes en ella, la vida es muy larga como para acomodarnos a los veinte.

17. Sueña a lo grande. Y ve a por ello. Si crees que no puedes lograr algo, seguro que no lo lograrás.

18. No eres una persona tóxica. Es normal tener comportamientos tóxicos a veces y no saber gestionar nuestras emociones de la mejor manera. Estás aprendiendo, siempre. Está bien.

19. Define claramente tu estilo de vida. Si no sabes hacia dónde te diriges, ¿cómo vas a saber qué carretera tomar?

20. Construye una relación sana, no pretendas encontrarla por arte de magia.

21. No permitas que nadie viva tu vida por ti. Tu vida, tus decisiones, tus normas, tu historia.

22. Aprende a meditar y conectar con tu cuerpo. Si te gusta el deporte, puede ser una manera de hacerlo. Es fácil desconectarse de uno mismo en una sociedad que va a mil kilómetros por hora. Aprende a reconectar.

23. Acepta que vas a tener días de mierda y semanas que vas a desear que se acaben. Nadie es feliz todo el tiempo, ni siquiera los influencers. Vivir es sentirlo todo.

24. Aprende a ponerte límites: con tu pareja, con tu jefe, con tus padres...

25. No puedes con todo a la vez. Paso a paso.

26. Pasa tiempo contigo hasta que te conviertas en tu mejor compañía y no necesites que las demás personas ocupen tu tiempo.

27. No calles por miedo al juicio. Tu voz importa, tus emociones importan.

28. No te pierdas a ti intentando encajar con las demás personas.

29. Deja de seguir en las redes a personas que no te hacen bien.

30. No vivas la vida con prisas por llegar a ningún lado.

GRACIAS

Qué fuerte. Recuerdo que cuando terminé la universidad me inscribí en un curso online y pensé: «La gente es capaz de hacer cursos y cosas interesantes, y yo no tengo nada de lo que hablar». Y aquí estoy, terminando de escribir las últimas líneas de mi libro. Pensaba que mi primer hijo sería un perro y ha terminado siendo un libro, quién lo diría.

Quién me iba a decir que soltar un poco el control de mi vida me iba a hacer regalos tan bonitos como este. Quién me iba a decir que no solo psicólogas, expertas y demás podían escribir libros. Que yo, como paciente y como persona, también tengo mucho valor. Y mi proceso también puede inspirar a otras personas en el suyo.

Me cuesta mucho disfrutar de las cosas. Me cuesta disfrutar de la vida con una mente que siempre va a tres mil por hora. Me cuesta no pensar en todas las cosas que pueden salir mal o en todas las personas que, al leer esto, digan: «Vaya mierda». Este también es uno de mis aprendizajes, saber que es imposible gustar a todo el mundo. Y está bien.

Al fin y al cabo, no quiero etiquetas detrás de mi nombre que digan lo que he estudiado o dejado de estudiar. Eso no importa ni me define, por mucho que la sociedad se empeñe en decir que soy aquello que he estudiado. Por mucho que se ponga el valor de alguien en uno o varios títulos. Quiero que tú, que has llegado hasta aquí, te des cuenta de que también eres capaz de eso que ahora te parece «imposible».

Tú también tienes mucho que decir. Tu voz también importa. Y tú también eres capaz de inspirar a tantas personas como quieras. Solo hace falta dar un pequeño paso y dejar de creer a esa vocecita tan adulta que te dice: «Esto no es posible».

Es tu vida, y la gente va a tener la manía de decirte cómo vivirla. Y la gente va a tener la estúpida manía de pasarte sus creencias y de decirte lo que es y no es posible para tu propia vida.

Y mientras intento alargar un poco este libro con un par de líneas más para no darlo por terminado, te quiero dar las gracias.

Puta vida adulta, ¿eh?

Este libro se terminó de imprimir,
en enero de 2024.